貴州黔東南侗族文化調查研究

何善蒙 主編

崧燁文化

U0539782

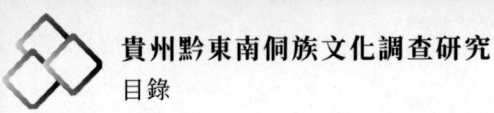

目錄

代序　以民族文化調查，探尋民族融合經驗

｜宗教文化專題｜

黎民百姓，平安幸福 11
　　一、前言 11
　　二、黃崗村的造人神話 12
　　三、神話試析 14
　　四、結論 16
侗族「薩」信仰與道教 16
　　一、「薩」信仰存在狀況 17
　　二、其他信仰的存在狀況 18
　　三、「薩」信仰與道教 18
　　四、結論 20
試論侗族宗教中「薩」崇拜與世俗的疏離 21
　　一、「薩」的起源對「薩」的神聖性的破壞 21
　　二、「薩」在宗教祭祀活動中呈現出的特性 23
　　三、「薩」文化在侗族日常生活中的缺失 24
黎平縣侗族喪葬習俗初探 26
　　一、黎平侗族喪葬習俗概述 27
　　二、宗教信仰對侗族喪葬習俗的影響 29
　　三、侗族喪葬習俗發展演變的社會歷史原因 31
侗族的祈雨與占雨——基於黎平黃崗侗寨「喊天節」與存世文獻的考察 32
　　一、「喊天節」簡要解讀 33
　　二、文獻中所見的占雨數術 37
　　三、余論 43

｜宗族文化專題｜

黔東南地區黎平縣侗族宗族制度考察 ... 45
    一、鼓樓——宗族的載體 ... 46
    二、「款」文化的變遷 ... 47
    三、「薩」信仰 ... 54
    四、結語 ... 57
侗族的姓氏與姓氏節——以黎平肇興、三龍、岩洞等侗寨為例 ... 57
    一、侗族姓氏與族群流動 ... 57
    二、擬制宗族與破姓開親 ... 58
    三、姓氏節日——以甲戌節為例 ... 60
「款」文化對當今侗族地區社會團結的意義 ... 61
    一、歷史上的侗款 ... 62
    二、「款」文化的當代遺存和變體 ... 64
    三、侗款制度與社會團結的關係 ... 67
    四、面臨的挑戰 ... 69
    五、結語 ... 70

| 建築文化專題 |

論侗族鼓樓建築的保護與侗族木構建築營造技藝的傳承 ... 71
    一、侗族鼓樓及其保護 ... 71
    二、鼓樓的建造 ... 73
    三、侗族木構建築營造技藝的傳承現狀 ... 74
    四、侗族木構建築營造技藝的傳承建議 ... 76
侗族鼓樓在當今社會的角色轉變 ... 77
鼓不復存，傳統仍在——侗族鼓樓文化 ... 80
    前言 ... 80
    一、以鼓樓為核心的侗族風情 ... 81
    二、鼓樓的奇特結構 ... 82
    三、鼓樓是侗族人生活和文化的中心 ... 83

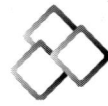

　　四、鼓樓文化遺產的保護及傳承 84
從侗寨建築門匾看黔東南侗寨文化變遷 85
　　一、水文化 86
　　二、鼓樓門匾中蘊藏的侗族文化 87
　　三、「龍」「鳳」在侗族文化中的地位 89
　　四、戲臺和薩壇中的歌文化與薩文化 91

│音樂文化專題│

黔東南州侗族大歌研究 93
　　一、侗族大歌的內涵與起源 93
　　二、侗族大歌的分類 95
　　三、侗族大歌的功能 97
　　四、侗族大歌的傳承與保護 99
　　五、侗族大歌的發展現狀及面臨的挑戰 102
　　六、結語 104
音樂、習俗與教化——以黎平侗族為例解讀音樂的多元價值 104
　　一、音樂的不可或缺性 105
　　二、以歌載道，以歌養心 105
　　三、音樂的政治教化功能 106
　　四、侗歌的現狀：傳承與破壞 106

│飲食服飾專題│

淺談侗族「稻—魚—鴨」共生系統及其傳統飲食文化——以貴州黎平縣侗族為例 109
　　一、「稻—魚—鴨」共生系統 109
　　二、「稻—魚—鴨」共生系統與侗族傳統飲食的關係 111
「把侗族穿在身上」——從社會角度看侗族服飾 116
　　一、黎平侗寨服飾的社會功能 116
　　二、黎平侗族服飾文化的現代變遷 118

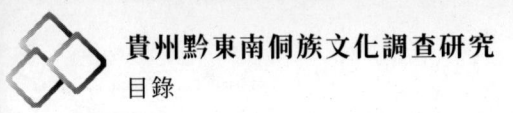

參考文獻 119

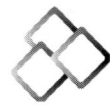

代序　以民族文化調查，探尋民族融合經驗

何善蒙

中國自古以來就是一個多民族相依共存的國家，各民族文化保持自己鮮明的個性，又相互吸納和融合，最終形成了凝聚力、熔鑄力、生命力極強的多元一體的中華文化。促進少數民族的全面發展，不僅有利於加強民族間的交流合作，促進民族關係的和諧發展，更重要的是能夠增加中華文化的活力，促進中華文化的可持續發展。然而，當前受經濟全球化和消費型文化的衝擊，中國少數民族優秀傳統文化正在加快流失，許多少數民族文化遺產處於瀕危狀態，中國文化多樣性優勢正在不斷喪失。如果任其發展下去，勢必對少數民族的自尊心和自信心造成嚴重影響，對中華文化的生機和活力造成嚴重影響，對中華民族的凝聚力和向心力造成嚴重影響。因此，在強調中華文化偉大復興的背景下，如何重新認識並弘揚優秀少數民族文化的傳統，實現其在當代背景下的有效轉換，這無論是對於少數民族的文化傳統的繼承和弘揚來說，還是對於中華民族優秀文化的現代轉換來說，都是有著極為重要的現實意義的。

貴州是個少數民族聚集的大省，由於地處偏遠，山水相隔，與外界及相互間交往較少，這些少數民族以及各個分支都長期按照各自不同的自然環境在生產、生活中傳承和發展著自己的歷史，形成了人類學上極為獨特的「文化千島」現象。無論是其中的傳統節日、舞蹈、歌唱、戲曲、服飾、傳說、故事、風俗習慣、娛樂競技等，還是具有獨特地方特色和民族風格的風雨橋、鼓樓、吊腳樓等，都從不同角度向世人展示著少數民族文化的魅力與中華文化的風采。然而，如今，貴州省少數民族文化現狀令人擔憂。貴州省少數民族文化原本就缺乏完善的傳承體系，隨著經濟發展、現代化進程的加快，貴州省內大量人口外遷，再加之當地人民的文保意識薄弱，當地缺乏專門的文保人才，其無疑會面臨著少數民族語言文字失傳、古籍文物流失、民族村消

貴州黔東南侗族文化調查研究

代序　以民族文化調查，探尋民族融合經驗

亡、民族文化資源瀕臨滅絕、民族民間文化藝人缺乏接班人等眾多少數民族文化危機。

貴州正是因為有獨特的少數民族研究條件，才使得人們對其文化發展面臨的問題有更突出的重視。通常來說，對少數民族傳統的調查和研究，主要有以下三個層面：第一，是直觀的少數民族特點，體現在當下少數民族村寨的日常生活中，可以透過觀察和對話記錄得到，例如傳統的建築樣式、服飾特徵和語言文字，可以最為明顯地區別各個民族。第二，是少數民族的歷史，每個民族都擁有自己的歷史，在分享同樣的時間區間時，因為地理環境等因素的作用，發展出了風格迥異的人情和風俗，生活在時間中動態的歷史變化一直延續至今，從發源到逐漸成型，直至今天的民族融合，每一個民族的形成不僅因為相對封閉和隔離突出了區別，很大程度上具有一樣的發展進程形成了共性。特性雖能夠引起人的好奇心，豐富中華文化，但是融合的基礎在於更顯著的共性，因為人性的相通，再長的距離、再奇特的氣候都能在一個行為習慣上找到大家一致認可的理由。第三，即是由歷史變化衍生出的民族融合，雖是一種必然的發展過程，卻是發展過程中意義特殊的階段。在交流越來越便捷的情況下，豐富多彩的少數民族習俗可能會由於追求生活的高效，逐漸變得一致化和公式化，但是民族融合既然是不可缺失的部分，並且在歷史的動態性中造成重要的作用，關注民族融合是研究融合的原因和融合的方式以及融合的結果，並非以融合的目的去探求民族融合。事實上融合併非意味著一種文化的消亡，而是意味著一種文化的新生，每一個民族文化的產生都是在實踐借鑑中成型的，而保留至今、能夠使人們認可並且視作瑰寶的部分，都是融合、比較之後被選擇的結果。雖然不能避免融合的同化作用，但是融合的提煉作用相對更為突出。

貴州因是一個少數民族聚居地區，所以產生了其他地區所沒有的、極為獨特的民族融合現象，這種融合既保留有各個民族自身的特點，使得貴州不被稱作某一個民族的據點，又使得每個文化具有很高的接受度和價值性。不論是從單個民族看，還是從多個民族觀察；無論是從單個民族縱向比較，還是從多個民族橫向比較，融合廣泛存在的現象不難發現，有表現一致的融合性，例如一天的作息習慣；也有內涵一致的融合性，例如不同儀式下同樣的

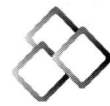

精神追求。這些均對少數民族文化的理解和保護有重要作用。因此,如何深入瞭解貴州少數民族文化融合性的特點,在當前具有尤為重要的理論和現實意義。

在這樣的背景下,由浙江大學和貴陽孔學共同推出「民族文化與民族融合系列調查」,旨在透過對貴州少數民族文化傳統的深入考察,在儘量反映少數民族文化傳統現狀的基礎上,探尋貴州少數民族融合經驗,並試圖在此基礎上為民族融合提供一種思考的可能範式。這樣的理解對於少數民族文化傳統的梳理和現代轉換來說,是極為重要的;對於中華民族文化的偉大復興來說,也有著非常關鍵的影響。該系列調查計劃用五年左右的時間,儘量囊括貴州境內具有代表性的少數民族,深入少數民族聚居區進行田野調查,最終形成能夠反映貴州少數民族融合特徵的叢書。

▎宗教文化專題 ▎

▍黎民百姓，平安幸福

王铠

　　摘要：黎平是黔東南一個以侗族為主、多民族共同生活的縣城。因其複雜的民族成分，如何協調處理各民族之間的關係和矛盾，如何傳承和發揚各民族的民俗特色、民族文化，如何在確保各民族文化和諧共生、百花齊放的前提下，促進黎平的文化繁榮和經濟發展等，均與當地民眾的福祉息息相關。本文以黎平縣黃崗村的造人神話為探討對象，著重闡釋了其對梳理、提煉民族認同感所具有的重要作用。本文認為，它不僅可為實現各民族平等團結、共同繁榮提供某一方面的理論支撐，也可為協調和處理民族問題提供一個典型範例。

　　關鍵詞：黎平　黃崗村　造人神話　民族平等團結

一、前言

　　黎平縣隸屬貴州省黔東南苗族侗族自治州，是侗、苗、漢、瑤、水等多民族雜居的縣城。它地處黔、湘、桂三省的交界帶，東連湖南懷化，與靖州苗族侗族自治縣、通道侗族自治縣毗鄰；南通廣西柳州，與三江侗族自治縣接壤。[1] 複雜的民族成分、特殊的地理位置，在賦予黎平縣豐富多彩的民俗風情的同時，也為黎平縣的社會發展提出了下列挑戰，即如何協調處理各民族之間的關係和矛盾，如何傳承和發揚各民族的民俗特色、民族文化，如何在確保各民族文化和諧共生、百花齊放的前提下，促進黎平整體的文化繁榮和經濟發展。

　　面對上述挑戰的黎平縣並非個例。自新中國成立以來，中國製定並實施了一系列政策措施，促進各民族平等、團結、共同繁榮。但是，各民族悠久的歷史、獨特的風俗和燦爛的文化，共同造就了中華民族的輝煌成就，我們

需要追根溯源，去挖掘、培養、增強各民族間的「同源共祖」感，從而為實現各民族平等團結、共同繁榮的目標提供一定的文化根基和思想支撐。

而在追根溯源的過程中，我們必須重視不同民族和地區特殊的歷史背景和文化積澱。對有著 53 萬人口的黎平縣而言，它有著「侗鄉之都」的美譽，侗族人口占全縣人口的 70%。[2] 可見，儘管黎平是一個多民族雜居的地區，但是侗族思想文化對於這塊土地上的其他民族都會產生一定的影響和感染。

綜上所述，筆者以黎平的社會主體——侗族為例，透過探究黎平侗族傳統的歷史文化，來挖掘侗族人民對各民族平等團結、同源共祖等思想的認同感，為「民族平等、團結、共同繁榮」的民族政策的合理性和可行性提供典型範例。而在浩瀚的侗族文化裡，筆者又特別選擇了造人神話作為切入口。這是因為侗族神話既是對侗族先民社會生活和歷史發展的曲折反映，也是侗族先民哲學、歷史、倫理等思想的萌芽。[3] 這些思想的萌芽又透過千百年的傳承發展，潛移默化地影響著當代侗族人民的思維方式和意識形態。而作為侗族神話的特殊組成部分——造人神話，由於著重解釋了人類如何起源、各民族何以區分和生活等問題，對梳理、提煉民族認同感具有重要的作用。

二、黃崗村的造人神話

在侗族造人神話的版本選擇上，筆者採用了黃崗村祭天師的口述。黃崗村是一個純侗族村寨，它位於黎平縣雙江鄉的東南部，與同是侗族聚居地的洛香鎮、貫洞鎮、高增鄉接壤。[4] 據黎平縣旅遊發展委員會的工作人員藍榮輝介紹，黃崗村是黎平縣開發較晚的一批鄉村，侗族風情濃郁，上千年的傳統文化民俗保存得相對完整。祭天師則是黃崗村古老而隆重的節日——「喊天節」的主持人。該職業父死子繼，一般不傳外姓，在村寨內具有很高的地位。

為筆者口述侗族造人神話的祭天師名叫吳正國，他同時還擔任了村子裡的寨老和歌師，享有極大的威望。吳正國老先生主持「喊天節」已有三四十個年頭。據他介紹，他所熟知的造人神話是他兒時從寨裡的老人那裡聽來的。故事大概內容如下：

黎民百姓，平安幸福

　　起初地上沒有人，也沒有火，整個世界都是大的吃小的，只有山裡的猴子稱霸王。天上的玉帝大王看不慣，說，要有人，於是便派姜良姜美兩人去地上繁衍後代。然而姜良姜美是一對親兄妹，因此他們極力反對玉帝大王：「我們是親兄妹，怎麼能成親呢？」玉帝大王回答：「下去以後，姜良往東走，姜美往西走，各自去尋找對象。如果後來你們碰到了，就可以成親。」正逢天降了七天七夜的大雨，洪水滔天，淹死了地上所有的生命。姜良姜美來到地上後，按照玉帝大王的吩咐分頭行走。最終，姜良姜美又碰在了一起，於是他倆成了親，並生下了一個小孩。但是這個小孩沒有頭也沒有手腳，就孤零零的一段軀體。姜良姜美看了大吃一驚，沒有頭，也沒有手腳，要怎麼說話走路呢？怎麼才能生活呢？於是姜良姜美就用刀把孩子的軀體解剖，把骨頭、腸子、肌肉埋到山谷裡，並燒了一把大火。後來，骨頭生出了男女，腸子生出了男女，肌肉也生出了男女。這三對男女長得倒還正常，唯獨當著姜良姜美的面一句話也不肯說，而等他倆一走，他們就嬉笑打鬧。姜良姜美很生氣，姜良想了一個辦法，拿起一個水瓢去敲打他們的腦袋。他們痛得大叫：由肌肉生出來的男女喊了一聲：「咳，neix（侗語，意為母親）啊。」姜良姜美指著他們說：「你們是侗族。」由骨頭生出來的男女喊了一聲：「咳，mih（苗語，意為母親）啊。」姜良姜美指著他們說：「你們是苗族。」由腸子生出來的男女喊了一聲：「咳，娘啊。」姜良姜美指著他們說：「你們是漢族。」從此以後，地上就有了侗漢苗三個民族。後來，玉帝大王看地上的人類開始興旺，就派薩歲去管理他們。薩歲是一名美麗的女子，她來到人間後，裸身睡在侗漢苗三族必經之處。侗族經過時，吃了一驚：「這個漂亮女人怎麼光著身子睡在地上？」於是便用衣服蓋住她的身體，離開了。苗族吹著蘆笙經過時，看見躺在地上的薩歲時，喊了一句：「為什麼要用衣服遮蓋住這個女人的美麗？」就用蘆笙把衣服掀掉，吹著蘆笙離開了。漢族經過時，也吃了一驚：「這麼漂亮的女人光著身子睡在地上，怎麼能行呢？」於是，便守護在薩歲身邊。薩歲醒來後，對漢族說：「去把你的那兩個兄弟叫來，我有話要對他們說。」漢族叫來了侗族和苗族。薩歲先把鐮刀和鋤頭給了侗族，對他說：「你就用它們種地、鋤田。」接著，她又對苗族說：「我也送給你鐮刀和鋤頭，哪裡高你就去哪裡生活吧。」最後，她送給漢族一桿秤：「你

要是讀書好，就靠知識生活；如果讀書不行，你就做生意，靠這桿秤生活。」從此，每到正月初一、十五，侗苗兩族都會舉行隆重的祭薩儀式，而漢族則透過修建廟宇等方式，虔誠供奉薩歲。

三、神話試析

1. 神話母題

「兄妹婚神話」是人類起源神話的典型類型之一，這個母題在中國各民族中分佈廣泛，具有複雜的敘事母題鏈，形成了相應的敘事結構，蘊藏著豐富的文化內涵。它不僅再現了人類早期的婚姻關係、道德理念，而且對人類的日常活動或生活習俗也有一定的解釋功能。[5] 該母題的一個重要次級母題「洪水後人類再生神話」一般的順序為：洪水發生—兄妹逃避洪水—兄妹結婚—誕下怪胎—用怪胎繁衍人類。

而黃崗村的造人神話大致符合「洪水後人類再生神話」的敘事風格，因此擁有該神話母題的文化解釋功能，即解釋民族起源中的同源共祖問題。黃崗村的造人神話不但闡釋了自己的民族起源，又因與其他民族的創世神話具有類似的結構和內容，得到其他民族的廣泛共鳴。苗族、土家族、彝族等都流傳有不同版本的「洪水後人類再生神話」，而這些大同小異的造人神話，一般都是以「神聖敘事」的形式呈現的。因此，它們在解釋族源問題時，往往具有一定的宗法功能，從而對增強本民族的凝聚力、促進本民族與其他民族的相互交往和團結造成了不可替代的作用。

2. 神話內容

黃崗村造人神話的前半部分解釋了漢侗苗三族的起源，後半部分則講述了他們是如何相處、如何生活的，對促進各民族平等、團結有著重要的文化解釋和文化支撐作用。

首先，該神話將漢侗苗三族的起源附會在人體的「腸、肉、骨」不同部位，並非出於民族歧視，而是出於侗族先民對三族人不同性格特質的認知。在他們的思維觀念裡，腸子變為漢族，所以漢人善思狡黠；肌肉變為侗族，所以侗人敦厚老實；骨頭變為苗族，所以苗人剛猛勇敢。[6] 這樣的細節安排不僅

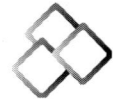

黎民百姓，平安幸福

突出了各族不同的性格特質，還蘊含著侗族先民視其他民族為同胞手足之意，洋溢著他們對其他民族的友好和尊重之情。

其次，該神話將漢侗苗三族擁有不同的生存方式和居住場所的原因，解釋為是薩歲在考察了一番後，依據三個民族的表現而作出的精心安排。由肉所化的侗人敦厚老實，才會心生憐憫地為薩歲蓋上衣服；由骨所化的苗人剛猛勇敢，才會無所畏懼地掀去薩歲的衣裳；由腸所化的漢人善思狡點，才會守護在薩歲身邊等她醒來。最後，溫厚的侗人被安排去耕田種地，悍勇的苗人被安排去高坡開荒拓地，聰明的漢人則被安排去讀書經商。

在早期的文化氛圍裡，侗族先民形成了具有祖先崇拜意義的「性崇拜」，而具有強大性能力的薩歲便成了所有男性崇拜和追求的對象。[7]需要指出的是，黃崗村的造人神話中，漢侗苗三族對薩歲的所作所為以及薩歲對他們的安排，並未涉及道德與倫理的譴責、懲罰。這點在薩歲對漢侗苗一視同仁的長期保護中可見一斑。

綜上所述，黃崗村的造人神話立足於人體的不同部位，來解釋漢侗苗三族的起源、性格特質、生活方式和居住場所等。其獨特的情節構思一方面體現了侗族先民高超的藝術表現力，另一方面也體現了他們對漢侗苗三族之間複雜關係的認知：漢侗苗三族之間既存的種種差異，並不意味著矛盾對立與地位優劣，而是意味著他們順乎天道、各盡其用、團結互助。

3. 特殊人物

黃崗村的造人神話中，薩歲是整個故事的核心人物，是她安排了侗苗漢三族的生活和生產，因此，薩歲在侗族文化裡具有舉足輕重的作用。[8]侗族的薩崇拜和薩信仰透過上千年的傳承和發展，直至今日，仍影響著侗族人生活的方方面面。因此，在神話中植入薩歲這一人物，並由她安排漢侗苗三族的生產生活，一來凸顯了侗族先民的思維方式和生活方式，二來可以增加故事的說服力和生命力，使其所蘊含的精神能夠世世代代流傳下去。

薩歲經過原始自然宗教—神的人格化—人為宗教—人的神格化等歷史階段的不斷塑造，逐漸成為美麗、善良、勇敢、智慧的象徵。關於薩歲的起源，

15

在不同的歷史時期有著不同的說法。在「人的神格化」階段，薩歲被演繹為是一名帶領侗族人民反抗民族壓迫的英雄。[9]可見，在「英雄薩」的背後，隱藏的是民族矛盾和衝突。然而，黃崗村的造人神話依然能以漢侗苗三族同源共祖、三族同得薩歲護佑的面貌傳承至今，一方面印證了在漫長的民族交往中，交融調和、團結互助始終是主流，另一方面也傳達了侗族人對民族民等、團結、共同繁榮的熱切追求。

四、結論

瞭解神話的思維方式，對正確瞭解現代人的思想是必不可少的。[10]透過對黃崗村的造人神話的故事題材、內容結構、特殊人物形象等的深入分析，筆者發現，在侗族先民的意識裡，各族人民應該是親如兄弟、平等團結的，這一思想透過歷代侗族人民的傳承與發展，不僅得以保留下來，而且還對當代侗族人民產生了巨大的影響。黃崗村的造人神話是黎平彝族文化殘片的一個典型，而黎平縣多民族共存共生的狀況則是中國 56 個民族共同發展的一個縮影。因此，筆者認為，挖掘當地具有特殊內涵和歷史背景的文化殘片，不僅有利於推動當地民族平等、團結、共同繁榮的大局，而且對實現中華民族的偉大復興有著重大的意義。由此，我們一方面要努力保護當地優秀的傳統文化，另一方面要大力挖掘優秀傳統文化中有利於社會和諧發展的因子，並加以合理靈活的運用。

侗族「薩」信仰與道教

華婷婷

2017 年 7 月，何善蒙老師帶領著浙江大學人文學院赴貴州侗族文化調研團成員，赴貴州黎平進行田野調查，對侗族文化進行全面、深入的調研。基於學術興趣，筆者將調研主題定為侗族的「薩」信仰，並將侗族之「薩」信仰與漢族之道教相比較，期望從信仰的角度考察侗族與漢族之交往、融合的歷史。筆者在調研期間，走遍了黎平的肇興、堂安、黃崗、三龍、岩洞、地捫六個侗族村寨，「薩」信仰的資料大部分得自堂安和黃崗，尤以黃崗為主，

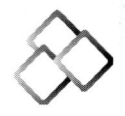

因此，本文以黃崗侗寨與堂安侗寨為主要論述對象，而其他四個侗寨則作為參考、對比、補充之用。

一、「薩」信仰存在狀況

「薩」信仰是南部侗族人民共同的信仰，也是侗族最普遍、最重要的宗教信仰，數千年來從未間斷。從信仰範圍看，「薩」信仰存在的範圍最廣泛，基本上南部侗族都信仰「薩」，某些侗族村寨甚至將其視為唯一的信仰；而北部侗族受漢族文化影響較深，「薩」信仰遺留痕跡較少，某些地區甚至已經消失。

從信仰的力度看，「薩」最受侗家人崇信，在筆者走訪的幾個寨子裡，「薩」都是地位最高的神，即使有部分寨子會同時信仰土地公或者飛山公，但其地位都遠遠不如「薩」。「薩」在侗族人民心目中的地位由此可見一斑。

從祭祀活動看，「薩」是侗族地區唯一一個不但是日常祭祀活動，並且是大型祭祀活動的神。每年正月期間（有的侗寨是正月初五，有的侗寨是正月初八，具體時間略有不同），各地的侗寨都會舉行祭薩活動；每月的初一、十五，寨裡的管薩者[11]都要去薩壇祭祀。

從信仰心理看，在侗家人的心目中，「薩」最具有威力，主宰著自己的一切，而作惡之人，必將受到「薩」的懲戒。因此，侗家人對「薩」是既敬又畏。在筆者考察的岩洞地區，當地人將本地數百年沒有發生火災的原因，歸之於「薩」的護佑。[12]在侗族人的傳統觀念裡，若是「薩」離開了自己的寨子，寨子裡就會發生火災，因此要舉行祭祀，將「薩」迎回來。供奉薩的壇場被稱為薩壇，我們考察的每個侗寨裡都建有薩壇，其成為「薩」信仰在侗族普遍存在的最有力證明。

總之，儘管祭薩的時間、儀式、內容等，各個侗寨不盡相同，但「薩」在所有侗家人心目中都具有至高無上的地位。直至現在，「薩」信仰依然是侗族最普遍、最具代表性、最重要的信仰。

二、其他信仰的存在狀況

　　南部侗族地區受漢族影響較小，「薩」以外的其他信仰比較少見，在我們調查的黎平地區，偶爾能看到土地公和飛山公的廟宇或者塑像，偶爾能聽到雷公和龍王的傳說。堂安侗寨的鼓樓旁立有一座很小的土地廟，但廟內並沒有塑土地公像，只在祭壇前供奉著香燭、茶等。據當地的鬼師陸國初介紹，這座土地廟是由他所立，寨子裡的人偶爾會來燒香敬茶。在侗族人的傳統觀念裡，雷公司天上之水，龍王司地下之水。黃崗侗寨只有在喊天節祈雨時，才會「喊」雷公和龍王，平時寨內並不會供奉雷公和龍王。由此可見，道教作為吸納和保存中國古代多種方術的宗教，雖然在這裡有一定的影響力，但並不是作為宗教的形態出現的。

　　而在我們調研的幾個侗寨中，均沒有見到佛菩薩造像，也沒有見到佛教寺廟，可見佛教對侗族人民產生的影響十分有限。

三、「薩」信仰與道教

1. 「薩」信仰結構中的道教因素

　　「薩」信仰系統主要由管薩者、鬼師、歌師構成。

　　管薩者是唯一能與薩直接溝通的人，能傳達薩歲的旨意，是神與人之間溝通的橋樑，是「薩」信仰體系中必不可少的部分。除他之外的任何人，都不具備直接與薩溝通的能力與資格。

　　歌師的主要職能是透過唱侗族大歌來請「薩」降臨，承擔信仰中娛神者的角色，其角色與原始宗教信仰中的巫覡相似，也是「薩」信仰體系中必不可少的部分。

　　鬼師的主要職責是驅鬼，其角色與道教的法師十分相似，懂風水擇日，會畫符駭鬼等。具體來說，其主要職能是：確定薩壇的選址、主持薩壇的安立、選定管薩者等。由此可知，鬼師在「薩」信仰體系中並不具備原初的必要性。這是因為根據「薩」信仰起源的傳說，起初，侗族人或在薩歲跳崖犧牲的地方，或在薩歲降臨人間的地方設立薩壇，並不需要鬼師來選定薩壇的地址。

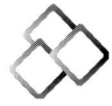

後來侗族人不斷遷徙，在新的住地建好村寨後，就要重新建立本寨的薩壇，從而衍生出擇地選址的需求。

鬼師多為父子相傳，子輩從父輩那裡獲取相關的書籍和技能，這一傳承方式與道教正一道的散居道士的傳承方式相似。在採訪的兩位鬼師家中，我們都發現了透過手抄方式保存下來的祕笈。有關鬼師法術的資料，在《侗族巫術文化敘論》[13]一書中有詳細介紹，筆者就不在此贅述了。

因此，從鬼師的職能、傳承方式和現存的文獻資料來看，其漢族文化色彩十分濃厚，尤其是與道教有著千絲萬縷的聯繫，而與侗族的「薩」信仰的聯繫較少。而鬼師這一職業的存在，也從一個側面反映了道教在侗族地區的滲透和影響。至於道教何時傳入侗族地區，學界比較認可的說法，是在明代隨著漢族屯軍傳入的。明代初年，中央政府實行「撥軍下屯，撥民下寨」的政策，大量漢族湧入侗族地區，道教也隨之傳入，漸漸被侗族人所認可和接受，最終融入「薩」信仰體系之中。

2. 個別地方節日中的道教因素

黃崗侗寨有一特殊的節日——喊天節。它是每年農曆六月十五日，在寨內舉行的祈雨活動，主要由喊天師和鬼師主持儀式。由於「薩歲」主宰著侗家人的方方面面，因此，雖然薩歲的職責並不包括降雨，但是祈雨前卻是要祭薩的，管薩者也要參與這個儀式。整個喊天儀式主要由祭薩、喊天和娛樂三個環節組成。喊天之前，管薩者準備茶水、糯米酒、生糯米、香燭、紙、腌魚以祭薩；祭薩之後，兩位喊天師登上高臺，一人唸咒語，一人喊天，並擊鼓伴奏；喊天之後，全寨人吹蘆笙、唱侗族大歌、踩歌堂；最後，兩位喊天師走下祭臺，整個儀式全部結束。

從整個儀式過程來看，其是侗族「薩」信仰和道教祈雨儀式的結合。一方面，喊天節祈雨的對像是雷公與龍王、祈雨者需站在高處、畫符唸咒等儀程，與道教的祈雨儀式相似，但比道教的要簡單得多。另一方面，喊天儀式中的吹蘆笙、唱侗族大歌、踩歌堂等，則是侗族典型的娛神方式。

需要指出的是，喊天節是一個後起的民俗活動，並不是侗族通行的節日，只有個別侗寨會舉行這個儀式，而且其具體儀程也不盡相同。在我們調查的黃崗侗寨，也有舉行這一儀式的傳統。關於其起源，有一種說法是：明朝年間，黃崗大旱，寨老跋涉千里找到一位鬼師，為村寨求得了降雨。喊天節開始於明代，也從一個側面證明了其是侗族傳統「薩」信仰與外來道教融合的產物。

3.「薩」起源傳說中的道教因素

關於「薩」信仰的起源，侗族內部流傳著兩種不同的說法：一種說法是，「薩」是帶領侗族人民反抗階級壓迫的女英雄；另一種說法是，「薩」是侗族的始祖女神。

「薩」生前是領導侗族人民反抗階級壓迫的女英雄，死後成為保佑侗族的女神的說法，與道教神仙體系的很多民間信仰類似，都是生前造福了一方百姓，或者生前具有大功德的普通人，在死後被百姓尊為神，繼續護佑百姓，這符合中國傳統中「有功於民者皆祀之」的信仰習俗。以城隍神為例，其生前是有功於一方百姓的「賢德」或者「英雄」，死後被百姓奉祀為守護一方的城隍神。其「代天理物，剪惡除凶，溥降甘澤，普救生民」的職責，與「薩」的職責相似，因此，「薩」與城隍神都是護佑一方的神。

「薩」起源的另一種說法，則與侗族的起源有關。（本書《黎民百姓，平安幸福》一文，對此有詳細論述。）這個創世傳說與其他少數民族流傳的兄妹成婚、繁衍人類的創世傳說十分雷同，特別需要指出的是，在這個創世傳說中，「薩」並不是侗族的先祖，而是玉帝大王（即道教中的玉皇大帝）派往人間的，這就意味著侗族接受了道家以玉帝為天地之主宰的思想，玉帝大王的實際地位高於侗族尊奉的「薩」。在中國神話體系中，玉皇大帝的名號是宋代才出現的，因此，這一說法應是宋代以後的產物。由此可見，各民族之間的文化要素不是彼此孤立的，而是相互影響的。

四、結論

道教是中國土生土長的宗教，它植根於中華傳統文化的沃土之中，廣泛吸收並且融合了各民族的優秀文化因子，並對各民族的思想、思維、信仰、

文化等產生了深遠的影響。各民族信仰的具體內容雖然不盡相同，但其基本思維是相似的，符合中華傳統文明自古代巫覡系統發源的總體特徵，因此具有融合的基礎。

至於道教信仰與侗族「薩」信仰融合的具體時間，筆者判斷大概為明代。首先，據《黎平縣誌》載，明代初年，中央政府實行「撥軍下屯，撥民下寨」的政策，大量漢族遷入侗族地區，在侗族地區設置了許多州、府，實行「土流並治」。漢族來到侗族地區後，將漢族的文化習俗和信仰傳統等一併帶到了侗族，道教因此得以在侗族地區生根發芽，最終與侗族的「薩」信仰融合，二者互相借鑑吸收，對侗族人民的生產和生活產生了巨大而深遠的影響。

試論侗族宗教中「薩」崇拜與世俗的疏離

王子健

摘要：侗族為古代百越後裔的一支，其信仰文化同大部分民族一樣，經歷了從自發的原始崇拜到組織化、儀式化的宗教崇拜，從祖先崇拜到神靈崇拜的發展歷程。侗族主要聚居在中國西南地區，該地區地形複雜，交通不便，對外交流相對閉塞，文化發展較為緩慢，但也因此保留了很多原始傳統的文化特色。受到原始多神論、漢文化習俗等因素的影響，侗族對「薩」信仰的崇拜，與侗族人民的世俗生活之間始終保持著一種疏離的狀態。本文將從「薩」的起源對其神聖性的破壞、「薩」在祭祀活動中呈現出的特性，以及「薩」文化在侗族日常生活中的缺失三個方面，論述侗族的「薩」崇拜與世俗生活的疏離，並指出產生疏離的原因。

關鍵詞：「薩」信仰　世俗　疏離

一、「薩」的起源對「薩」的神聖性的破壞

「薩」是侗語 sax 的漢字記音，意為「祖母」。侗族的宗教信仰較為原始，信奉萬物有靈，崇拜多神。由於西南地區群山環繞，交通不便，各個侗寨的交往聯繫較少，因此每個侗寨的信仰都不盡相同，但「薩」卻是所有侗家人都信奉的主神，因此，對「薩」的信仰呈現出侗族宗教文化的許多共性。

關於「薩」的起源雖然眾說紛紜，但在侗族地區廣泛流傳著兩種說法，一個是神話起源說，另一個是英雄神化說。

1. 創世神話

一直以來，人類的起源問題始終都是人類關注的重點問題，中國古代神話傳說中有盤古開天，女媧造人，而侗族先民也有自己的解釋。筆者調查走訪的黃崗侗寨的祭天師，對於世代相傳的創世神話的論述，可參見《黎民百姓，平安幸福》一文，筆者就不在此贅述了。

需要指出的是，這一創世神話一方面解釋了苗侗漢三族的起源和各自的民族特性，另一方面指出，「薩」是接受玉帝大王的指派，去管理人間的，從一名不問凡塵俗事、不沾煙雨塵埃的女神，變成了專司人間大小事務，甚至還和凡人媾和的女神，其神聖性被嚴重削弱了。

2. 英雄神化

關於「薩」起源的另一種說法，即英雄神化說。相傳，「薩」本是侗族村寨中一名普通的女子，姓吳，名為杏妮。其父為反抗封建壓迫舉起義旗，在鬥爭中壯烈犧牲，杏妮繼承父志，繼續帶領侗族人民進行不屈的鬥爭，最終戰敗被圍，毅然跳崖犧牲。侗族人民感念她為村寨和民族做出的貢獻，世代傳頌其英雄事跡，並逐漸賦予其神性，將其神化成薩神。

英雄神與其他原始的、天生的神祇相比，與世俗的距離更近些，但另一方面，也就意味著要少些莊嚴性和神聖性。這是由於英雄神是從人變成神的，其傳說多是對其生前事跡的美化和神化，與其他神靈虛無縹緲的傳說相比，更加貼近於世俗生活，少了神秘感和距離感，也因此少了些莊嚴性和神聖性。同時，英雄神的神位是後人所賦予的，實質上還是屬於人的範疇，從而進一步削弱了其神性。

上述兩種關於「薩」的起源的傳說，都在不同程度上削弱了薩的神聖性和莊嚴性，使得「薩」雖然是侗族宗教體系中主管人間事務的最高神，但與侗族人民的世俗生活始終存在著一定的疏離。雖然侗族人民對「薩」的信仰

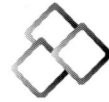

試論侗族宗教中「薩」崇拜與世俗的疏離

一直延續著,但在日常的生產生活中,「薩」的存在感並不是很強,也沒有被賦予不可侵犯、主宰一切的神權力量。

二、「薩」在宗教祭祀活動中呈現出的特性

在各類原始宗教中,祭祀都是非常重要的宗教活動。人們相信透過祭祀,可以與神靈交流,祈求神靈的賜福。侗族對「薩」的信仰也不例外,甚至在某些侗族地區,對「薩」的祭祀成為其唯一的宗教活動。下面,筆者將對「薩」在宗教祭祀活動中呈現出的特性展開論述。

1. 祭祀形式

對「薩」的祭祀,需要在特定的地點——薩壇舉行,並由專職的祭祀人員主持。每個侗寨都建有自己的薩壇,並由「管薩者」專門管理,各類儀程和咒語作為專屬於祭師的「秘辛」,僅在父子之間薪火相傳。只有在後繼無人時,才可傳於宗族血親。也就是說,除了「管薩者」以外,村寨中的其他人都不能進入薩壇,也不能直接與「薩」交流,使得「薩」崇拜的影響力僅僅侷限在「管薩者」「喊天師」「鬼師」等神職人員中,對普通民眾的影響力較弱。

除特定的祭祀地點和專職的祭祀人員外,祭「薩」的時間也有具體的規定。其中,以春節的祭祀最為隆重,需要全寨人參與,而在每月初一和十五舉行的祭「薩」,則由祭師一人負責即可。此外,還有因事而起的臨時性祭祀,「村寨面臨危機時,比如戰事、災荒、疫情、火災、獸患等;村寨之間舉行大型集體交往活動時,比如鬥牛、鬥蘆笙等;村寨內部舉行大型公益活動時,比如修橋、鋪路、挖水井、建鼓樓等,都需要祭薩」。[14] 而這些因事而起的祭「薩」,只需要與事件有關的當事人參與。因此,一年之中的祭「薩」活動屈指可數,而全體寨民參與其中的就更加少了。如此低的活動頻率,使得「薩」崇拜在村寨中的存在感極低,寨民在日常生活中則對「薩」持一種「敬而遠之」的態度。

23

2. 祭祀理念

按照一般理解，主管人間事務的最高神應是神威無邊，無所不能的，但在侗族的傳統信仰中，「薩」卻和其他宗教中的全能神差別很大。由於侗族的信仰保留了較多的原始色彩，因此在「薩」之外，仍然信奉萬物有靈，多神崇拜。如飛山公楊再思，原是五代十國時期誠州（轄今貴州黎平縣、湖南靖州縣一帶）的地方長官，使得境內百姓雖身處亂世卻能安居樂業，後人感念其恩德，為其立廟建祠，逐漸成為當地信奉的主神之一，主管征戰和出行平安。此外，還有主管雨水的龍王，主管生育的土地公，主管六畜興旺、五穀豐登的唐公……因此，侗家人對「薩」的信仰和敬奉就分流到了其他神祇身上。從這個角度來看，「薩」對侗族人民的世俗生活的影響自然遠遠不如其他宗教的全能神對其信徒的影響。

另外，筆者在貴州黎平調研時發現，「薩」的形象不是一位慈眉善目的老婦人，而是一位令人敬畏的女神。而且，只有「管薩者」可以直接與她溝通，其他人都是無權與她直接對話的，而民眾對薩的祈求必須經由「管薩者」來轉達。所以，侗家人對「薩」採取「敬而遠之」的態度，只有在舉辦大型活動前或者遭受災難後，才會透過「管薩者」祈求「薩」的保佑。

因此，從祭祀角度來看，參與者主要是專職的祭祀人員，普通寨民的參與度不高；在活動內容方面，多為傳統民俗或文體等集體項目；在頻率方面，頻率較低，沒有在寨民中形成強烈的存在感；在理念方面，多神崇拜的信仰分流了村民對「薩」的信仰和敬奉，削減了其影響力；而「薩」無事不可打擾、只保護不賜福的特點也使得寨民對其形成了「有事求佑，無事作無」的態度。由此可知，侗族人民對「薩」的祭祀方式和特點，大大削弱了「薩」對侗族人民世俗生活的影響力。

三、「薩」文化在侗族日常生活中的缺失

但凡與世俗生活相關度較高的信仰文化，都會在世俗生活中留下自己的印記，如建築、繪畫、雕塑、文學、手工藝品等。像基督教影響下的哥特式

建築，神學題材的文學、繪畫，佛教的雕塑、音樂等，而侗族的「薩」崇拜對世俗生活的影響有限，造成了其在侗族人民日常生活中的缺席狀態。

1. 無具象

侗族信奉「薩」，卻沒有形成對「薩」的具象描述。在供奉「薩」的薩壇中，並沒有塑「薩」的神像，而是立一把傘、栽一棵樹，作為供奉的實物（見圖1）。無論是鼓樓、風雨橋上的壁畫，還是傳統的民族服飾、手工藝品等，都很少出現與「薩」相關的元素。這既是「薩」崇拜與世俗生活疏離的一種表現，也進一步拉開了「薩」崇拜和世俗生活的距離，削弱了「薩」在世俗生活中的存在感。

2. 無傳唱

侗族只有語言，沒有文字，主要透過口耳相傳的方式傳承自己的文化和歷史。這種傳承方式，造就了侗族極具民族特色的瑰寶——侗族大歌。侗族大歌除了擁有「清泉般閃光的音樂，掠過古夢邊緣的旋律」之外，也承擔了社交、娛樂、記錄等重要職能。「漢人有字傳書本，侗族無字傳歌聲；祖輩傳唱到父輩，父輩傳唱到兒孫」，就是侗族生活的真實寫照。在貴州黎平傳唱的大歌當中，既有關於姜氏兄妹的創世神話，也有記敘歷史的歌謠，卻唯獨少有關於「薩」的歌曲。至於其原因，當地的歌師也說不清楚。除侗族大歌外，作為侗族人民自娛自樂的戲曲——侗戲中也沒有關於「薩」的內容。可見，在民間藝術方面，「薩」文化同樣失去了其傳播的載體。

圖 1　堂安侗寨薩壇小景

「侗家有三寶：鼓樓，大歌，風雨橋。」三者分別代表了侗族的建築藝術、歌唱文學藝術、繪畫藝術的最高成就，而三者之中都缺少了關於「薩」崇拜的內容。由此可見，「薩」崇拜對侗族人民的世俗生活的影響力十分有限，始終處在一種和世俗疏離的狀態之中。這種疏離狀態一方面使得侗族沒有形成無所不能的神權形象，從而有助於其獨特的「款文化」的形成；另一方面，它使得侗族人民專注於現世的努力和幸福，培養了侗民勤勞務實、自強不息的民族個性。而「讓薩神的歸薩神，百姓的歸百姓」，就是侗族人民處理「薩」崇拜和世俗生活關係的基本原則。

黎平縣侗族喪葬習俗初探

王思佳

摘要：喪葬習俗既與當地的宗教信仰有著緊密的聯繫，也與當地社會歷史的發展狀況息息相關。侗民以土葬為主，偶爾也有火葬，其喪葬習俗受漢族的儒道文化影響較深。不管是「鬼師」擇日的方法，還是「趕鬼」的儀式，都與道教的相關科儀有著諸多相似之處。本文透過田野調查，如實記錄黎平縣侗族的喪葬習俗，以期從喪葬習俗這一特殊方面探究侗族的民族文化和精神風貌。

關鍵詞：黎平縣　侗族　喪葬習俗

喪葬禮儀是關於死亡的儀式，是人們既感到恐懼，而又不得不面對的人生重大儀式，其中既夾雜著恐懼和敬畏的心理，更有著對新生的渴求和追求生命的永恆和不朽。而一個地區、一個民族的喪葬習俗必然會受到宗教信仰、社會歷史發展、傳統習俗等因素的綜合影響。因此，對少數民族喪葬習俗的考察，有助於從一個側面瞭解該民族的傳統文化和精神風貌。

2017年7月，筆者有幸加入何善蒙教授組織的浙江大學人文學院赴貴州侗族文化調研團，前往黔東南苗族侗族自治州黎平縣，進行有關侗族文化的田野調查活動。黎平縣是黔東南苗族侗族自治州中人口最多的縣，「其中侗族人口40萬，占全縣總人口的71%」，[15] 是全國侗族人口最多的縣，被稱為「第一侗鄉」「侗鄉之都」，是侗族文化的發祥地之一。本文即是筆者在田野調查的基礎上，圍繞侗族喪葬習俗進行的相關論述。

一、黎平侗族喪葬習俗概述

歷史上，黎平侗族曾有洞葬、懸棺葬、樹葬等喪葬習俗，[16] 但隨著歷史的發展和文明的進步，大多數喪葬習俗都已消失不見，如今以土葬為主，偶爾也有火葬。土葬主要針對壽終正寢者，墓地一般選在離寨子不遠的山上或者家附近。而是否需要集中埋葬於指定地點、立碑、全寨晚輩戴孝相送等，每個侗寨都有自己的具體規定。[17] 火葬則專門針對非壽終正寢者，火化後要將骨灰盒盡快埋葬。

圖1　堂安侗寨壁畫《鼓樓跪別》

一般來說，寨子中將要壽終正寢的老人，會被家人抬到寨子中的鼓樓中，與親朋好友進行最後的告別。去世後，在鼓樓裝棺入殮。[18] 鼓樓是侗寨特有的建築，大多是木結構飛閣重檐的八面寶塔，是侗寨的政治和文化中心。大到寨中一應事務的討論、民族節日的慶典等，小到休閒、打牌、話家常等，都會在鼓樓中進行。

侗家人的喪禮儀式上，一般不請專門的神職人員到場，僅僅由家人主持，孝子賢孫以及族中晚輩到場跪拜，鄰里鄉親前來弔唁，最後護送棺木到墓地安葬。

黎平縣盛產杉木，所以土葬所用棺材多用杉木製作，漆成黑色。一般來說，侗族人家會在家中老人過了六十大壽之後，依其心願為其「製備老家」（即製作一口黑色棺材），這是老人最後的人生大事。侗族喪禮戴孝的習俗，跟漢族基本相同，孝子賢孫身穿白色喪服，其他親屬則根據血緣的遠近，繫上白布。

圖2　岩洞侗寨裡尚未完成的棺材

而意外死亡者的喪葬儀式，則按照一切從簡的原則辦理，不會將亡者抬到鼓樓裝棺入殮，而是停屍在家，由鬼師擇定時辰，在當天或者第二天火化。火化後，骨灰裝入骨灰盒，隨意擇地埋葬，但是不能埋在寨裡專門的墓地或者自家祖先墓地的周圍。

二、宗教信仰對侗族喪葬習俗的影響

喪葬儀式往往與當地的宗教信仰聯繫緊密。侗族信奉萬物有靈，不僅崇拜天神、地神、雷神、山神、河神等，還崇拜巨大的石頭。此外，侗族人民還信仰「薩」，「薩」是侗族民間信仰中地位最高、法力最大的神，也是侗族村寨的保護神。但是需要指出的是，侗族的喪葬儀式中並不祭拜「薩」，其具體的儀程受漢族儒道文化的影響較深。

7月22日上午，筆者所在的調研小隊在黃崗侗寨調研時，有幸採訪到當地的一位「鬼師」。「鬼師」名叫吳廣新，今年70歲，侗族。吳法師既會「趕鬼」，也會擇日和看風水，在當地聲望很高。「鬼師」跟「管薩者」一樣，其職業一般是家傳的，吳法師是家族的第三代傳人。他不僅向我們介紹了當地的喪葬習俗，還介紹了他最主要的「工作」——「趕鬼」。

當侗寨裡有老人壽終正寢時，逝者的家人會請吳法師擇定裝棺入殮、出殯下葬的具體時間，並選好墓地。在侗族的傳統觀念裡，壽終正寢的老人去世之後就會成為祖先神，福蔭後人，因此，很多侗族人家裡供奉有「天地君親師」的牌位，可見侗民也有敬天法祖的傳統。

圖3　堂安侗寨民居中，都會「缺失」一塊，留一個「位置」給祖先神

而意外死亡者的家人，在喪葬儀式中或者喪葬儀式後，也要請吳法師去做「趕鬼」的法事。這是因為在侗族的傳統觀念裡，「陽壽未盡」的人死後會化成「鬼」，其魂魄盤旋在家中不願離去，從而導致家人生病或者運氣低

迷。因此，必須要做「趕鬼」的法事。徵得吳法師的同意後，我們對吳法師「趕鬼」時所用的手抄本資料進行了拍照（見圖4）。事後整理這些照片時，不僅在資料裡面發現了太上老君、真武祖師等道教神靈，還發現了「紫微諱」等道教法符。這些與道教科儀相似的資料，足以證明黃崗侗寨「鬼師」的「趕鬼」儀式受道教驅邪科儀的影響較大。

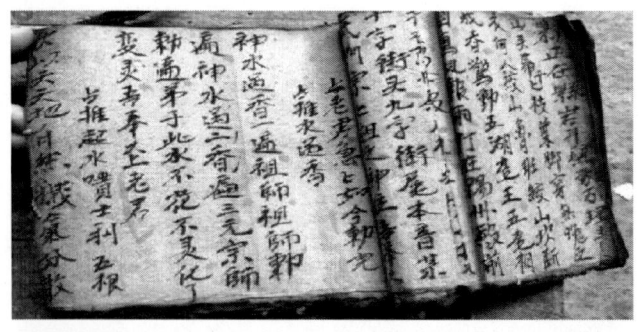

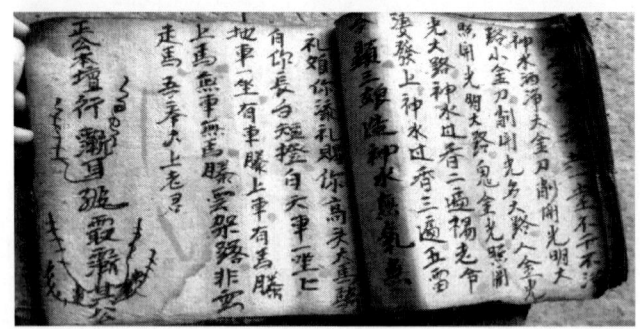

圖4　黃崗侗寨吳廣新法師所藏的、在「趕鬼」儀式上使用的手抄本資料片段

需要指出的是,「趕鬼」儀式不屬於道教儀式,「鬼師」也不是道士。道教以道、經、師為三寶,尤其看重師寶。《道德經》雲:「不貴其師,不愛其資,雖智大迷。」[19] 道教科儀對祖師極為重視,認為其存思變神、超度亡魂的力量均來自祖師。但筆者所在的團隊前去吳法師家採訪時,並未見到供奉祖師的香爐。問其原因,他解釋說侗族的「鬼師」從不拜祖師,做法事時也不需要請祖師。這說明侗族「鬼師」看重的是法術的實用性,而不是法術背後的宗教哲學。從「鬼師」只是借鑑道教的法術,並不依循道教的清規戒律來看,「鬼師」屬於民間信仰的神職人員,或者說是巫覡,並不是道教的道士。

三、侗族喪葬習俗發展演變的社會歷史原因

首先,侗族的喪葬習俗雖然受到了當地民間傳統習俗和宗教思想的影響,但經濟社會方面的影響同樣不可小覷,甚至可以說,其是喪葬習俗發展演變的最終決定力量。黎平地區建置很早,秦始皇時就設立了黔中郡,明代設立黎平府,如今改為黎平縣,其轄區面積變化不大,侗族人口多為世居,但也有從外地遷居此地者。明代,中央政府實行屯寨政策,派遣大量官兵長期駐紮此地。由於駐紮官兵本人及其親屬在賦稅和科舉方面都會受到照顧,很多侗民便隱瞞身份、附會家譜,稱自己祖上也來自江西,以獲得在賦稅和科舉上的優待政策。[20] 後經考證,江西地區在歷史上並沒有侗族居住過,遷居到黎平的只是漢族駐紮官兵及其後代。據清光緒《黎平府志》載,黎平府「五方雜處,人性樸茂。尚義重信,不樂紛囂」。[21]「洞苗向化已久,男子耕作誦讀,與漢民無異;其婦女漢裝弓足者,與漢人通姻」。[22]「洞苗」即清代時對侗族人民的稱呼。侗族接觸漢族文化時間較早、程度較深,其喪葬習俗與漢族儒道文化有很多相似之處也就在所難免了。

其次,喪葬習俗與經濟生產也有十分緊密的關係,經濟條件發生改變,喪葬習俗必然會隨之改變。據寨中的老人回憶,舊時,老人壽終正寢的喪葬儀式十分隆重,所有家人和全寨鄰里親朋都會到場相送,戴孝所用的白布動輒百丈。如今,整個喪禮儀式與時俱進,簡化了許多,戴孝僅用較少白布,表達哀思即可。在田野調查過程中,筆者發現黎平侗鄉的年輕人大多外出務

工求學，只有節假日才會回到侗寨。因此，隨著年輕一代侗民對民族傳統文化、民俗習慣的疏離與淡化，侗族的喪葬習俗必然會面臨重大的變革。

最後，不同民族的文化習俗會相互影響滲透、相互借鑑與吸收。黎平侗鄉素有孝敬老人的傳統，老人的家庭地位和社會地位都極高，受到特別的尊重和照顧。因此，壽終正寢的老人的喪葬儀式就十分隆重。也許是因為侗族自古就歌頌愛情、嚮往愛情，黎平侗族對在適婚年齡（在18歲至25歲之間）意外死亡的人有特殊的安排。據黃崗侗寨的吳法師介紹，會為逝者剪一個小紙人，放在屍體上一起火化。他解釋說，由於逝者生前沒有來得及戀愛結婚，所以需要剪個紙人，作為逝者的伴侶，和逝者「一起過奈何橋」，這樣的話，逝者就不會孤單了。在筆者看來，侗族的這一習俗要比某些地區的「冥婚」文明得多了。

綜上所述，從黎平侗族的喪葬習俗來看，黎平侗民非常重視喪葬儀式。喪葬儀式的地點設在作為侗寨政治和文化中心的鼓樓，代表逝者正式退出了所在侗寨的政治文化生活，成為祖先神。而意外死亡者的喪禮不在鼓樓舉行，而是在家中舉行，筆者推斷主要是出於以下兩個方面的考慮：一是致死的疾病有可能是傳染性的，單獨進行火化，可以防止交叉感染；二是為了保護遺體隱私，維護死者的尊嚴，充滿了濃濃的人文關懷。

侗族的祈雨與占雨——基於黎平黃崗侗寨「喊天節」與存世文獻的考察

趙江紅

摘要：農曆六月十五日的「喊天節」是黃崗侗寨最隆重的節日。節日當天，兩位「喊天人」向天吶喊，寨民則以吹蘆笙、唱侗族大歌、踩堂歌等形式，祈求上天降下甘霖。「喊天節」這一莊重神秘的古老節日集祭祀與祈雨於一身，其中的巫術色彩早已為學界所注意，但其中的數術因子則隱而不明，有待深入挖掘與闡釋。本文擬從存世文獻入手，對「喊天節」中的數術因子加以簡要論述，並重點對占雨數術的相關內容加以梳理。

侗族的祈雨與占雨——基於黎平黃崗侗寨「喊天節」與存世文獻的考察

關鍵詞：喊天節　祈雨儀式　存世文獻　占雨數術

　　黃崗侗寨位於貴州省黔東南苗族侗族自治州黎平縣東南部，是一處頗具規模的侗族聚集村落。這裡海拔780米，地處河谷地帶，透過河流與村外的公路，與附近的侗寨保持交往與聯繫，而「喊天節」是黃崗侗寨獨有的節日。需要指出的是，黃崗的「喊天節」並不一定固定在每年的農曆六月十五日舉行。因侗族置閏的方式與漢族不同，遇到有閏月的年份時，都是把閏月放在一年的末尾，叫做「十三月」，而不是依循夏曆「閏月無中氣」[23]的原則，將閏月分插在不同年份的各個月中。所以，「喊天節」實際舉行的時間是每年農曆第六個月的十五日。之所以選擇農曆第六個月，不僅是因為此時天氣炎熱，雨水較少，最容易發生旱災，更為重要的是六月也是糯米、水稻生長最需要水分的季節。黃崗及其附近的村寨都以種植糯米、水稻為主業，而糯米則是黃崗人民的主要食物。如果六月少雨，必定影響稻禾抽穗。所以說，祈求豐收是六月「喊天」的最主要原因。此外，黃崗一帶土地肥沃，百姓安樂，可以在青黃不接的六月舉辦節慶活動，可以顯示黃崗的富裕，也是六月舉行「喊天節」的原因之一。如果站在人類學的角度來看，「喊天節」除了祈雨外，還是侗家人祭神、祭祀自然的儀式。

一、「喊天節」簡要解讀

1.「喊天」儀式

　　「喊天」一般分為準備、請薩、驅鬼、喊天四個環節。在「喊天節」前幾日，寨老、「鬼師」、村民代表就會聚在一起開會，落實節日當天相關人員的具體職責。「鬼師」除了要準備好「喊天」需要的法器外，不需操勞其他事物。黃崗有三個薩壇，每個薩壇都有一位「管薩者」，他們在節前必須準備好醃魚、糯米、糯米酒、茶等貢品以及香燭、紙等祭品。其他村民則各司其職：蘆笙隊和歌隊需要排練節日當天要表演的歌舞節目；寨民除了要打掃好家裡的衛生，準備好招待客人的酒食外，還要按往年的慣例，佈置「喊天」的場地、準備好祭祀所用的一應物品。

貴州黔東南侗族文化調查研究
|宗教文化專題|

「喊天節」當天,三個「管薩者」一大早就來到各自負責的薩壇祭「薩」,請「薩」降臨,保佑當天的「喊天」儀式能順利進行。祭「薩」完畢後,再將「祭」薩所用的貢品帶到「喊天」的廣場。此時,廣場中央已經搭好祭臺,四個青年抬出一隻豬,「鬼師」、寨老以及參加「喊天」儀式的其他人員也已盛裝等待。

寨子裡的「鬼師」吳廣新拿出一張提前畫好的符,邊唸誦咒語,邊將符點燃,然後將燃燒的符投入盛水的碗裡。左手端著盛有符水的碗,右手持一束長葉芒草。喝一口碗裡的水,將水噴到芒草上,然後走到遊行隊伍的最前面,邊走邊揮舞芒草,嘴裡唸唸有詞。他的身後,依次跟著吳正國、三位「管薩者」、蘆笙隊、歌舞隊、其他參加「喊天」儀式的人員。在蘆笙的伴奏聲中和人們的歡呼聲中,遊行隊伍繞寨子一圈後回到廣場,將糯米、醃魚、茶水、米酒等貢品放在祭臺下方的祭桌上。「鬼師」焚香祭拜後,高聲宣布「喊天」即將開始。此時,殺豬儀式也開始了。在祭臺附近,肥豬已被捆好手腳,一個青年上前割斷豬的喉管動脈,豬血汨汨地流進事先準備好的臉盆裡。與此同時,「鬼師」和吳正國登上祭臺,殺豬男子遞給「鬼師」一把沾了豬血的鼓槌,敲鼓「喊天」的儀式就正式開始了。

「鬼師」用力擊三下鼓,開始「喊天」。吳正國坐在一旁的矮凳上,小聲說一句,吳廣新大聲喊一句,周圍的人們則靜靜地聽著。在「喊天」的過程中,「鬼師」不時揮舞著手中那束長葉芒草,在祭臺上走動。祭詞的大意是:祖公(始遷之祖)落寨,人們辛勤勞作,如今遭遇旱災,請天上雷公、地上龍王降下甘霖。喊完祭詞之後,蘆笙再一次響起,「喊天」的儀式到此結束了。但是,「喊天節」的活動還在繼續著。

在以種植業為主的地區,雨水對農作物的生長和當地民眾的生產生活均極其重要,因此,求雨的方法多種多樣,但黃崗侗寨的求雨方式卻非常獨特,除了透過請「薩」幫忙或直接獻祭的方式,還透過「喊天」的方式,求得甘霖降落,五穀豐登。

2.「喊天」主角

由於「喊天」儀式的高潮環節是敲鼓「喊天」，所以其主角則非「鬼師」吳廣新和「喊天」祭詞傳人吳正國莫屬。在高高的祭臺上，兩人分工合作，各司其職：吳正國坐在矮凳上念一句祭詞，吳廣新緊跟著敲鼓高聲喊出這句祭詞。據說，「喊天」最早也是由寨子裡的兩個村民發起的。

從前，寨子裡有兩個人，一個叫吳萬祥，一個叫吳萬民，吳萬祥是「鬼師」，吳萬民善於「搞朋友」（即善於交際）。有一年，從三月一直到六月，滴雨未降，吳萬民就說：「你不是自稱鬼師嗎？現在田裡的秧苗都快枯死了，你要是有辦法讓老天下雨，我們才承認你是真正的鬼師！」吳萬祥說：「我當然有求雨的辦法，但是有兩個條件，第一，要宰殺一頭重一百多斤的大肥豬，用豬血祭鼓；第二，你要動員全寨的人都參加求雨的儀式。」吳萬民答應了他的要求，兩人決定在六月十五日這天，舉行「喊天」求雨的儀式。吳萬祥把「喊天」的祭詞交給吳萬民，說：「到時候你念一句，我就喊一句，喊完天之後，短則兩三個時辰之內，長則兩三天之內，一定下雨！」六月十五這天，吳萬祥「喊天」之後，不到三個時辰就下雨了。[24]

最近，學者栗文清就「喊天節」的這個起源傳說，提出疑問：為什麼「鬼師」吳萬祥自己喊天，卻非要把「喊天」祭詞先教給另一個人呢？將祭詞和念祭詞的人分開，這樣的安排背後到底有什麼深意呢？[25]

「喊天節」的來源傳說，主要是基於前任寨老、「喊天」祭祀的傳人——吳正國的敘述，雖然他的描述具有一定的權威性，但是仍然無法避免個人口述可能存在失真的弊端。同樣地，筆者透過梳理相關學者整理的口述史資料，並結合自己的實際調查所得，對這個起源傳說也提出以下幾個疑點。

首先，吳廣新的祖父吳公借是「文革」前，寨子裡的「喊天人」，吳正國的祭詞也是傳自吳公借的。據吳正國介紹：「我在擔任村幹部的時候，村裡是有喊天人的，他就是吳廣新的爺爺吳公借。吳公借曾經收了幾個徒弟，只有一個徒弟得到了真傳，但卻身體不好。吳公借怕喊天技藝失傳，後來就找了我去學。」[26] 而吳廣新的「喊天」技藝則是從吳公借傳下來的書籍上學

來的，因此，吳正國和吳廣新都算是吳公借的傳人。如果「喊天」原本就存在兩位傳人，另外一位傳人的後人為什麼沒有參加現在的「喊天」活動呢？

其次，吳廣新家中現在仍然藏有「喊天」祭詞的文本，吳正國卻是透過吳公借的口頭傳授，掌握「喊天」祭詞的。既然吳公借肯把「喊天」祭詞口頭傳給吳正國，說明他已經將吳正國視為自己的傳承人了，為何卻沒有把祭詞的文本傳授給吳正國呢？

再次，「喊天」中的另一個主角吳正國，卻沒有一個正式的稱謂。當筆者詢問兩位當事人：「站在祭臺上喊天的兩個人，一個叫鬼師，另一個也叫鬼師嗎？」吳正國始終不發一言，最後，還是一旁的吳廣新回答說，「他叫喊天節的」。[27] 但是，「喊天節的」明顯不是一個正式的稱謂。念祭詞如果是一個沿襲了數百年的職業分工，有一個正式的稱謂才合乎情理。

最後，吳正國成為「喊天人」後的遭遇，也頗為離奇。據吳正國回憶：「我學會（喊天技藝）沒多久，村子裡就讓我一個人喊天，喊到第三年的時候，就出了意外。喊天儀式結束後，我就直接回了家。家裡來了很多客人，家人說菜不夠，讓我上樓去拿肉。誰知剛走到第三個臺階，就摔下臺階，不省人事了。家人趕緊請鬼師過來，鬼師給我灌了一些茶水，不到半小時我就醒了過來。發生這件事之後，我就對村裡組織喊天的人說，我一個人是喊不了天的。後來，我就找到了吳廣新，因為他爺爺也教了他一些喊天的技藝。從此以後，我就開始和吳廣新搭檔喊天了。」[28]

由此，筆者大膽假設，最初「喊天」的主角恐怕只有「鬼師」吳萬祥一人，並由吳萬祥的後人單獨主持「喊天」儀式，一直傳到吳公借這一代。吳公借晚年不幸，親人一一離世，僅剩下年幼的長孫吳廣新。由於「喊天」的重任不能託付給一個年幼的孩子，他就收了五位弟子（每個鼓樓片區一個），以延續「喊天」的傳統。其中最得意的弟子，就是村裡唯一的初中生吳正國。「文革」後，「喊天」儀式在村寨裡重新得以舉行，但是吳公借老人早已去世，就由其親傳弟子吳正國主持「喊天」儀式。與此同時，吳公借的孫子吳廣新也已長大成人，並且透過研讀祖傳的「秘辛」，掌握了「喊天」的相關技能，成為遠近聞名的「鬼師」。由於「喊天」歷來都由「鬼師」家族主持，吳正

國暫代的做法，受到寨民的非議。吳正國為化解來自各方的壓力，主動邀請吳廣新主持「喊天」儀式，自己則作為其助手，在一旁協助。因此，在他口述的「喊天」起源故事中，加入了自己的演繹——吳廣新是吳萬祥的後人，而自己作為寨老，則扮演了吳萬民的角色，善於「搞朋友」。

而該村另一村民吳仕英的口述，就間接印證了筆者的這一推斷。他所描述的「喊天節」起源的內容，與吳正國的口述基本一致，唯獨沒有提及吳萬祥將祭詞傳給吳萬民一事。[29]

二、文獻中所見的占雨數術

黃崗侗寨的「喊天節」充滿了巫術色彩，「喊天」的主角也一直由「鬼師」家族世襲。不僅如此，長期的祈雨實踐，還演繹出一套特有的占雨數術。在吳廣新家中，僅藏有兩本有關「喊天」的數術書籍和兩份祭詞的文本，其他的資料都毀於大火了。而現存的這些資料都是吳廣新在 20 世紀 80 年代重抄的，因保存不善，均甚殘泐，很多字跡都難以辨認了。在他向筆者展示的祖傳「秘辛」中，筆者發現了三頁與占雨有關的內容，分別為六十甲子占雨、四星雷吉與神牛辰雨圖。[30] 據此，筆者得以一窺該地的占雨數術面貌。

1. 六十甲子占雨圖、四星雷吉圖、神牛辰雨圖

六十甲子占雨圖在原書中占兩個頁面的篇幅，四星雷吉圖與神牛辰雨圖則位於同一頁面之中。筆者將六十甲子占雨圖的內容整理為表格，迻錄於下：

表1　六十甲子占雨圖

甲子	乙丑	丙寅	丁卯	戊辰	己巳
🌾	🌾	🌾	🌾	🌾	🐭
庚午	辛未	壬申	癸酉	甲戌	乙亥
🌾	🐭	🌾	🌾	🌾	🌾
丙子	丁丑	戊寅	己卯	庚辰	辛巳
			🌾		
壬午	癸未	甲申	乙酉	丙戌	丁亥
🐭	🌾	🐭	🌾	🌾	🌾
戊子	己丑	庚寅	辛卯	壬辰	癸巳
🌾	🌾	🌾	🌾	🐭	🐭
甲午	乙未	丙申	丁酉	戊戌	己亥
🌾	🐭	🌾	🌾	🌾	🌾
庚子	辛丑	壬寅	癸卯	甲辰	乙丑
🌾	🐭	🐭	🌾	🌾	🌾
丙午	丁未	戊申	己酉	庚戌	辛亥
🌾	🐭	🐭	🌾	🐭	🐭
壬子	癸丑	甲寅	乙卯	丙辰	丁巳
🌾	🌾	🌾	🌾	🌾	🌾
戊午	己未	庚申	辛酉	壬戌	癸亥
🌾	🌾	🌾	🐭	🐭	🌾

註：表格內約「🌾」代表稻穗，黑色比灰色長勢好；「🐭」代表老鼠。

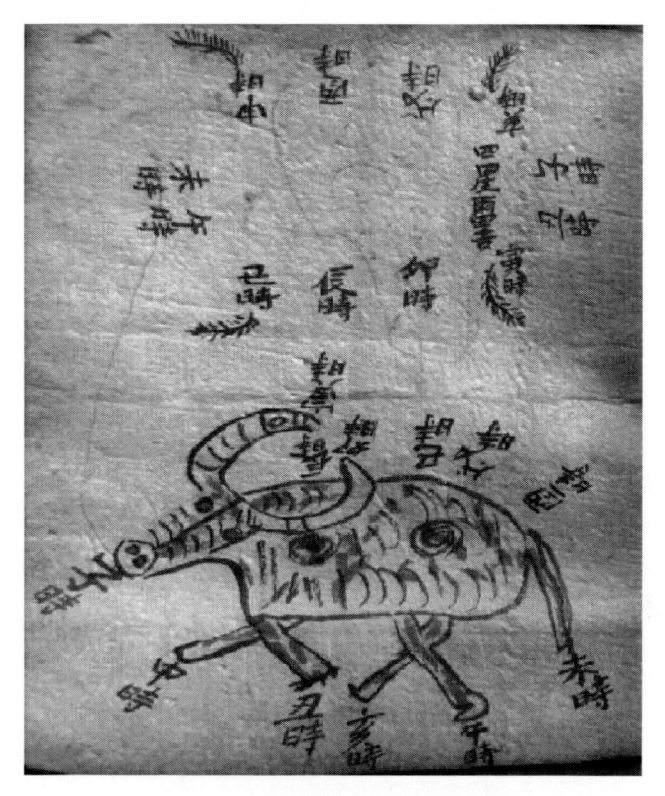

侗族的祈雨與占雨——基於黎平黃崗侗寨「喊天節」與存世文獻的考察

圖 1　四星雷吉圖與神牛辰雨圖

據吳廣新介紹，每一次占雨時，都要將以上三圖結合起來使用。先看「六十甲子占雨圖」，確定今年是甲子年、乙醜年還是丙寅年。而哪一天打雷，打在什麼地方，則要看「四星雷吉圖」和「神牛辰雨圖」。「神牛辰雨圖」上所畫的牛是龍王的水牛，雷打在哪裡，哪裡就會下雨。怎麼判斷今年的收成呢？根據「六十甲子占雨圖」來判斷。若谷穗是灰色的，則代表谷穗不會成熟；若谷穗是黑色的，則代表今年會大獲豐收。若是出現老鼠，則今年的收成不會太好。

2. 占雨文獻溯源

無論是動物占，還是六十甲子占，都是古人常用的占雨方法。而透過打雷的時辰與水牛各部位間的對應關係，來推斷雨量的大小，則很可能與侗族的水牛崇拜有關。

39

图2 尹灣漢墓簡牘《六甲占雨》[31]

「六十甲子占雨法」是漢族較為常見的一種占雨方法，其起源最早可追溯到秦代。1993年，在連雲港市東海縣尹灣村出土了一批簡牘，劉樂賢將編號為「YM6D9」的木牘命名為《六甲占雨》（見圖2），並推測應該還有一段解釋性的文字，與之配合使用。筆者將《六甲占雨》和吳廣新所藏的「六十甲子占雨圖」進行比較，發現二者之間確實存在著一定的互補關係。

唐代黃子發所撰的《相雨書》中，對晴雨占驗的記載非常詳細，筆者將《候雨止天晴》中的一段文字摘錄於下：

候晴六十日者，以甲子雨者，二日止。乙醜雨者，二日止。丙寅雨者，即日止。丁卯雨者，日沒止。戊辰雨者，夜半止。己巳雨者，立刻止。庚午雨者，一日止。辛未雨者，七日止。壬申雨者，即止。癸酉雨，二日止。甲戌雨，即時止。乙亥雨，即日止。丙子雨，夕止。丁醜雨，夕止。戊寅雨，即止。己卯雨，立止。庚辰雨，即止。辛巳雨，二日止。壬午雨，即止。癸未雨，

一日止。甲申雨,即日止。乙酉雨,一日止。丙戌雨,夕止。丁亥雨,即時止。戊子雨,二日止。己醜雨,三日止。庚寅雨,即止。辛卯雨,二日止。壬辰雨,八日止。癸巳雨,夕止。甲午雨,即時止。乙未雨,二日止。丙申雨,夕止。丁酉雨,一日止。戊戌雨,一日止。三日,天晴雨大止。己亥雨。庚子雨,四日止。辛醜雨,一日止。壬寅雨,即時止。癸卯雨,即止。甲辰雨,即止。乙巳雨,一日止。丙午雨,即時止。丁未雨,立止。戊申雨,二日止。己酉雨,二日止。庚戌雨,即時止。辛亥雨,二日止。壬子雨,一日止。癸醜雨,即時止。甲寅雨,立時止。乙卯雨,一日止。丙辰雨,一日止。丁巳雨,即時止。戊午雨,立止。己未雨,即時止。庚申雨,四日止。辛酉雨,即日止。壬戌雨,即時止。癸亥雨,立止。半天雲霧見日在洞中,雨止,天遂晴。[32]

《候雨止天晴》主要是根據下雨的日子預測下雨持續的時間,蘇建洲教授的《尹灣漢墓〈六甲占雨〉解》一文對此有較為詳細的討論,筆者就不在此贅述了。

此外,唐代的瞿曇悉達編訂的《開元占經》中,也收錄了類似的占雨材料,並明確將相關內容整理命名為《干支占雨》:

春雨甲子,六十日旱;夏雨甲子,四十日旱。秋雨甲子,四十日澇;冬雨甲子,二十七日寒雪。

春雨甲申,五穀熟。夏雨甲申,五禾大美。秋雨甲申,六畜死。冬雨甲申,人多死。

春雨乙卯,夏粢貴。夏雨丁卯,秋粢貴。秋雨辛卯,冬粢貴。冬雨癸卯,來春粢貴。

《黃帝占》曰:「春不欲雨乙卯,夏不欲雨丁卯,秋不欲雨辛卯,冬不欲雨癸卯,以此四日,占民安否,若其日雨,則疾疫起。凡四時卯日雨,皆主谷價;雨一卯,斛百文;雨二卯,斛二百文;雨三卯,斛三百;雨四卯。斛金一斤。正五、九月,殺在醜;二、六、十月,殺在戌;三、七、十一月,殺在未;四、八、十二月,殺在辰,以此日雨,雨所建,賊犯之,期六十日。凡壬戌癸亥日雨,以乘甲子,旬乃止,賤人伐貴者。」

《京房占》曰：「諸寅卯日，有小雨，小急；大雨，大急；丙午日雨，有圍城；戊午日雨，霖三日止，其下大戰；乙卯日雨，旱，有兵起東方；丁卯雨，旱，有兵起南方；己卯雨，旱，有兵起中央；辛卯雨，旱，有兵起西方；癸卯雨，旱，有兵起北方。立春雨，復五穀；立秋雨，害五穀。」[33]

而成書於南宋末年的《歲時廣記》末卷中，也有相關記載：

甲子占雨

唐人張鷟《朝野僉載》卷一載：「春雨甲子，赤地千里。夏雨甲子，乘船入市。秋雨甲子，禾頭生耳。冬雨甲子，鵲巢下地，其年大水。」……杜甫詩雲：「禾頭生耳黍穗黑，農夫田婦無消息。」

甲申占雨

《占書》凡甲申風雨，五穀暴貴，大雨大貴，小雨小貴。若溝洫漲滿，急聚五穀。甲申至乙醜風雨，籴貴，主六十日。

庚寅占雨

《占書》凡庚寅至癸巳風雨，皆主籴折，以入地五寸為候，五月為麥，六月為黍，七月為粟，八月為菽，九月為谷，皆以此則之，假令五月雨庚寅，即麥折錢，他月仿此。

甲寅占雨

《占書》春三月雨甲寅乙卯，夏籴貴一倍。夏雨丙寅丁卯，秋谷貴一倍。秋雨庚寅辛卯，冬谷貴一倍。冬雨壬寅癸卯，春谷貴一倍。[34]

關於氣候的占驗，因各地氣候的差異，推演辦法與結果往往殊異，故難以進行橫向比較。且容易轉化為當地的俗諺，《歲時廣記》中已見此種端倪，故六甲占雨在後世漸漸走向沒落。

我們借助於黃崗侗寨保存的占雨文獻，才能得以一窺該種數術存在和應用的一絲活力。

三、余論

　　隨著氣象學的進步與發展，現在已經可以透過人工的方式來降雨了，甚至可以控制降雨的時間和數量，占雨術數也就失去了存在的價值和意義。在黃崗，不僅寨民對「喊天節」的態度發生了巨大的變化，「喊天節」本身從內容到形式也都今非昔比了。而侗族不依循夏曆「閏月無中氣」的原則置閏，而是在遇到有閏月的年份時，把閏月放在一年的末尾的做法，使得舉行「喊天節」的具體時間每年都不盡相同。比如，2009年是閏五月，黃崗村民按照傳統習俗，在第二個五月過了「喊天節」，誰知沒過幾天，黃崗村的村幹部便接到上級通知，說是夏曆六月十五日這天，要來黃崗視察「喊天節」。此外，也有不少遊客提出，要來寨子裡參加「喊天節」。村幹部與寨老商議後，只得再一次舉行「喊天節」。[35]　此外，為了發展本村的旅遊業，便於遊客觀賞，如今的「喊天節」都改在村寨中心的大壩上舉行，而原本天不亮就要開始的「喊天」儀式，也都改在上午十點以後才舉行，具體流程也大大簡化，以便讓遊客和嘉賓觀看侗族的民族歌舞表演，領略當地的風土人情。[36] 總而言之，在發展經濟與民族文化式微的雙重壓力，「喊天節」固有的溝通天人的意義已經一去不復返了。

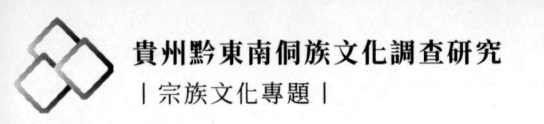

宗族文化專題

黔東南地區黎平縣侗族宗族制度考察

陳偉良

　　侗族是中國的少數民族之一，屬先秦百越支系之一，主要分佈在黔湘桂鄂四省（區）毗鄰地區。貴州省黔東南地區是侗族的主要聚居地之一，據第六次人口普查統計，貴州的侗族有143.19萬人，占全省總人口的4.12%，占全省少數民族人口的11.41%。

　　村寨是構成侗族生活聚落的基本單元，人口基數直觀地反映了侗族村寨的規模。在貴州省黔東南地區，既有具有相當規模、商業化程度較高的「大」村寨，如肇興侗寨；亦有坐落於大山深處，較為原生態的「小」村寨，如堂安侗寨、黃崗侗寨等。需要指出的是，此處的「小」「大」，主要是從每個侗族村寨的人口數量以及聚落占地面積兩個方面來衡量的，而作為田野調查的具體對象，二者同等重要。固然，規模較大的村寨因其優越的地理位置、便利的交通、完善的基礎設施等，更適合作為侗族的「代言人」，但從文化角度而言，某些偏遠的小村寨「麻雀雖小」，卻「五臟俱全」，再加上受外界的影響較小，因而保留的傳統習俗、民族文化、民間藝術等更具民族和地方特色。這就要求我們在進行田野調查時，既不能一味「抓大放小」，亦不能「因小失大」，而是要將二者納入侗族文化的整體格局下加以考量，在求同存異的基礎上，還原不同村寨的獨特文化樣貌。

　　筆者將本文主題確定為「侗族宗族制度考察」，主要是基於以下幾點考慮：

　　其一，隨著社會各界對少數民族物質遺產與非物質遺產的日益重視，學界對少數民族的研究也開展得如火如荼，但相比於外在的、具象的物質形態的研究，對民族精神、文化內核的探究卻先天不足後天失養，從而使得當前的民族研究處於「僅得其形貌」而不能「得其神髓」的境地，而對「宗族制度」的研究，可以在某種程度上填補這一空缺。

其二，宗族制度是中國古代以家長製為核心、以血緣關係為紐帶形成的特殊社會體制，是宗族存在和運轉必不可少的基礎和軸心，已經滲透到人們生活的方方面面，無論是建築樣式、分工形式，還是族民觀念、信仰結構、決策程序等，無不受其支配和影響，是全面瞭解某一民族的民族精神、文化內核的根本途徑。

其三，一個民族的生存與發展離不開外來文明，民族融合始終是歷史發展的必然趨勢。對於侗族的宗族制度而言，一方面受到其他民族，尤其是漢族的深刻影響，另一方面結合本民族特有的風俗習慣，形成了本民族特有的規章制度。因此，考察侗族的宗族制度不僅可以加深對侗族社會歷史變遷的理解，而且可以進一步豐富宗族研究的視野。

下面，筆者將分別從宗族的載體——鼓樓、「款」文化的變遷、「薩」信仰等方面，考察侗族宗族制度的內容、特點以及維持其運轉的核心精神。

一、鼓樓——宗族的載體

侗族的傳統建築以木結構為主，以鼓樓、風雨橋、吊腳樓為代表，尤以鼓樓最負盛名。「鼓樓」是指侗寨古時放鼓之樓，是侗族特有的民族文化象徵和標誌。侗族自古就流傳著「有鼓則有樓，有樓則置鼓」的習俗，所以，在貴州省黔東南地區，凡是寨子中間有鼓樓的村寨，必是侗族村寨無疑。

在筆者考察的肇興侗寨、堂安侗寨、黃崗侗寨、三龍侗寨、岩洞侗寨、述洞侗寨、地捫侗寨等地區，每個寨子的鼓樓雖然高矮不一，新舊不等，但都是採用木質的四柱貫頂、多柱支架、八角密檐塔式建築結構。以杉木鑿榫銜接，不用一釘一鉚，卻銜接不隙，絲毫不差，牢固嚴謹，可經風霜歷雨露，百年不朽不斜。一般來說，一座完整的鼓樓，樓頂是連串葫蘆形的頂尖，猶如塔尖；中部是層層疊樓，形如寶塔的塔身；底部多是正方形，四周有寬大結實的長凳，中間是一個圓形或方形的大火塘。

鼓樓既是侗寨的標誌，也是宗族制度最重要的物質載體。按照侗族的風俗習慣，凡遇起款定約、抵禦外來入侵等大事，寨中「頭人」就透過登樓擊鼓的方式，迅速召集村民。此外，鼓樓還是寨民社交娛樂和節日聚會的場所。

鼓樓雖然是具有侗鄉獨特風格的建築物，但也受到外來文化的深刻影響。眾所周知，仁、義、禮、智、信是儒家的核心價值觀，而儒家思想在中國古代兩千多年的封建社會中一直保持著正統思想的地位，其核心價值觀也被民眾普遍接受、理解和踐行。而以仁、義、禮、智、信來命名鼓樓，就是儒學與少數民族文化相互融合的具體表現。如肇興侗寨的五座鼓樓，就分別被冠以「仁」「義」「禮」「智」「信」之名。該侗寨有東西兩座寨門，由東到西依次為仁團鼓樓、禮團鼓樓、義團鼓樓、智團鼓樓、信團鼓樓。

其中的禮團鼓樓為重檐攢尖頂、八角十三層寶塔式建築，高二十二米左右，始建於明清之際。當時，貴州黔東南地區仍被視為「蠻夷之地」，處於一種與外界基本隔離的狀態，其對儒家核心價值觀的認同屬於自發的行為與自覺的體認。因此，肇興侗寨以儒家「五德」來命名鼓樓，不僅表現了侗家人對儒家核心價值觀的高度認同，更將其視為子孫後代為人處世的準則和規範。

總而言之，鼓樓集軍事、政治、娛樂等諸多功能於一身，宗族即以鼓樓為中心不斷發展壯大，而宗族制度也在與外來文化交流的過程中不斷豐富和完善自己，日益走向成熟與完善。因此，將鼓樓納入侗族宗族制內加以考察，是十分必要的。

二、「款」文化的變遷

如果說以「鼓樓」為代表的侗族建築是侗族宗族制度的物質載體，那麼侗族特有的「款」文化則是侗族社會組織的核心，是維繫侗族社會運轉千年的精神內核，是侗民族向心力和凝聚力之所在。

關於侗款的創立，《侗款起源》中說道：

古時人間無規矩，兄弟不和睦，腳趾踩手指。鄰里不團結，肩臂撞肩臂。內部不和肇事多，外患侵來禍難息。祖先為此盟誓立約，訂出村寨的規矩。

在黔東南侗族的習慣法——款約法中，也類似的內容：

當初村無款規，寨無約法的時候，好事得不到讚揚，壞事沒有受到懲處；內憂無法解除，外患無力抵禦。有人手腳不干淨，園內偷菜偷瓜，籠裡偷雞摸鴨。有人心中起歹意，白天持刀行兇，黑夜偷牛盜馬。還有肇事爭端，逞蠻相打，殺死好人，造成禍事，鬧得寨寨不安寧，打得地方不太平。村村期望制止亂事，寨寨要求懲辦壞人。於是，款首邀集寨老，款腳傳報眾人，大家相聚一坪，共同議定村規，殺牛盟誓合款，集眾制定規章……

由於侗族地處蠻夷之地的偏遠一隅，歷代中央政府均對其實施間接統治，先進的文明制度和法律制度也就無法透過行政手段對侗族社會施加影響，在沒有法律規章約束的情況下，「鄰里不團結，肩臂撞肩臂」「白天持刀行兇，黑夜偷牛盜馬」的行為屢見不鮮，各種社會矛盾層出不窮，以致於出現了「內部不和肇事多，外患侵來禍難息」的局面。為了定紛止爭，維持侗族社會秩序的穩定，侗款於是應運而生。雖然學術界對於侗款創立的具體時間因缺乏史籍的記載而眾說紛紜，但其在侗族內部發揮的巨大作用卻得到了學術界的一致認可。

一般來說，「款」文化主要由款組織、款約和款詞三個部分組成。款組織是傳統侗族社會的民間自治和自衛組織，具有軍事防禦和維護社會秩序的功能，是傳統侗族社會正常運轉和持續發展的制度保障。款約是侗族傳統社會的村寨內部、村寨與村寨之間所訂立的規章約法，是維護各款區社會生產生活秩序的共同規約，是侗族最重要的法律。款詞是侗族傳統社會在款約的基礎上形成的，由最初的口頭形式發展而來的包含歷史、文學、宗教等內容的復合文化形態。下面，筆者將分別對款組織、款約和款詞加以詳細介紹。

1. 款組織

款組織以自然村寨為基礎，分為小款、大款和聯合大款三個層級。「小款」是最小的款組織，一般由一個自然村寨組成，或一個主寨聯合附近的幾個小寨子組成。「大款」則是由若干的小款聯合結盟而形成的，多為特定歷史背景下，根據侗族社會需要臨時組合。「聯合大款」則是由若干的大款在特殊歷史背景下臨時組合而成的。以這三個層級的款組織為紐帶，侗族社會形成了一個組織嚴密的社會群體，款組織的實權則由款首掌握。

款首一般由村寨內部德高望重且熟悉款約、款詞的人擔任，一個款組織有3—5個款首，分別負立款、講款、開款和聚款的職責。

立款是指組織款民進行款約的制定和修改工作；講款即在每年的農閒時節，聽款首唸誦款詞，提醒大家不要忘記款約；開款即在有人違反款約的相關規定時，召集款民議定對違款人的處罰；聚款則指款組織在受到外來的入侵騷擾時，由款首擊鼓聚款，飲酒歃盟，共同抗暴。

2. 款約

款約不但是侗家人日常行為的準則，也是侗族習慣法的重要組成部分。款約所規定的大多都是明令禁止的行為，以及對違款者的相關懲處措施。如流行於廣西三江獨峒侗族的《六面陽規》和《六面陰規》《六面威規》，就對各類違款者採取的懲處措施進行了系統而細緻的規定。而清道光年間，聚集九十九位大款款首在黎平縣地坪臘洞，聯款議定的款約法（習慣上稱為《九十九老款》），至今仍在侗族地區廣為流傳。現摘錄有關內容如下：

1. 治偷雞鴨：偷雞偷鴨，偷柴偷米；地頭偷菜，園裡偷梨。抓得住，拿得到，罰銀四兩四。

2. 治偷豬狗：偷狗偷豬，偷砍樹木；地裡偷棉，田頭偷谷。抓得住，拿得到，罰銀五兩二。

3. 偷狗牛馬：偷牛馬，偷倉庫，揭房瓦；塘裡摸魚，地裡摘瓜。抓得住，拿得到，罰銀八兩八。

4. 治冤枉好人：偷菜罪重，偷糧罪輕。抓住賊人罰十二，冤枉好人罰十三。

5. 治私通人妻：偷牛死在圈邊，偷妻死在床邊，拐騙人妻，私通人婦，抓得住，拿得雙，打傷勿論，打死勿言。

6. 治抓住的歹徒：抓住賊人先吊打，敲鑼喊寨告大家，須有親友出面保，方能按款再論罰。

7. 治不孝：老人的話要聽，父母之言要信，兒不能打罵父母，媳不得虐待老人。父母在，兒子養，父母死，兒子葬。誰不孝順，任意虐待，不遭天公雷劈，也絕子孫後代。按情論罰，不許寬貸。

8. 治嫁娶：女大當嫁，男大當婚，女滿十七始嫁，男到十八才婚。女嫁先問表哥，不娶再嫁別人。父母有命才訂婚，訂婚三年才過門。女退婚賠彩禮，男不娶不取分（女家不退禮）。要是父母不允許，男女私下約逃奔，切用豬（和）酒去「洗臉」，才算正式成婚。

9. 治打人：有事要好商量，切忌相爭動氣，先罵人錯誤，先打人無理，罵人要賠禮，打人要包（負責）醫。夫妻要和睦，老幼不相欺。

10. 防賊：一根棉紗容易斷，十根可把牯牛拴。三人同行老虎怕，一人走路猴子欺。要像鴨腳板連成塊，不像雞腳爪分叉叉。賊到哪裡哪裡報，逃到哪裡哪裡打。人人要防賊，寨寨要「守卡」。窩藏與匪同罪，坐地分贓重罰。知匪不報，遇賊不打，哪個地段發生，由哪裡賠償搜查。

11. 防火：世間唯火最無情，既是為人又害人。人人都要防火，不得掉以輕心。哪個用火不慎，燒燬高山樹林，除了賠償損失，還要殺豬打平（即大家湊錢湊物），燒燬村寨房屋，驅邪費用他一人。還要趕他出寨，不許再害全村。

12. 治不遵款約：凡我侗寨侗人，須遵鄉約洞款。如馬不願配鞍，牛不肯拉軛，馬尾往外掃，雞爪往外扒，縱鬼害人，引賊入裡，趕出村外居住，開除他的「族籍」，還要罰他銀兩，使他永世孤獨，眾叛親離。

由上可知，《九十九老款》的規定，幾乎涉及了侗民生活的方方面面，對於侗族社會秩序的穩定和有序運轉具有舉足輕重的作用，至今仍然為大多數侗家人所普遍認可和遵行。但從現代法治視角來看，「抓住賊人先吊打」「女嫁先問表哥」等規定中，充斥著對人權的忽視以及封建思想的殘餘，從而造成了以款約為主體的少數民族習慣法與國家法律之間的矛盾衝突，而如何處理二者的矛盾，更關乎國家穩定、民族團結的大局。

1949年後，中國在少數民族地區實行民族區域自治，並將符合當代法治精神的少數民族習慣法納入國家法律體系，而直接依照款約的規章來處理違款行為，甚至直接決定違款者生死等嚴重違背現代法治精神的少數民族習慣法，必然要加以改良或廢除。

　　首先，從「款」文化產生的背景來看，其產生的直接原因是侗族地處偏遠，中央政府無法對其實施有效統治，形成了法律和行政管理的「空白區」。因缺少相關法律法規的制約，導致了侗族傳統社會嚴重的內憂外患，「款」文化於是應運而生。

　　其次，從款約本身來看，其在本質上是一種以義務為本位的法律制度，強調義務優先於權利，與以權利本位的現代法律存在著不可調和的矛盾，只有與時俱進地加以改良，才能適應現代社會的需要。

　　最後，從款組織的人員構成來看，小款首是由有關村寨的頭人或寨老推選產生，大款首是由有關小款首推選產生。不稱職者，可以隨時撤換或改選。雖然具備了「民主選舉」的某些特徵，但推選款首的具體規定卻因地域不同而有所不同，並且對款首的權利與義務也沒有形成明文規定。

　　如今，在黔東南地區，每個侗族村寨都設有「村兩委」——村黨支部和村民委員會，由「村兩委」與從「款首」演變而來的「寨老協會」共同管理村寨事務。需要指出的是，不僅「寨老協會」的權力根本無法與傳統的「款首」相提並論，而且款約的具體內容也根據現代法治精神進行了改革，與現行法律法規相適應的部分融入村規民約之中，而與現行法律法規相悖的內容則被加以廢除。比如，幾年前，黎平「十洞」十三寨提名任命一位終身款首的建議被否決，就是典型的例證。因此，與其說侗族「款」文化在現代社會的「逼迫」下正逐漸退出歷史舞臺，不如說「款」文化在現代法治精神的引領下，在保留其基本精神的基礎上，正在煥發新的生機與活力。而透過在黎平地區的實地考察，筆者對以下幾點感觸頗深：

　　第一，款約在新時期、新形勢下仍有生存和發展的空間。包括款約在內的少數民族習慣法雖然獨立於國家法之外，但卻具有悠久的歷史，且已被當地民眾普遍認可和遵行，具有強大的生命力、融合力和延續力，各村的村規

民約即是傳統款約為適應新時期的要求所進行的自我更新。如《黎平縣雙江鎮黃崗村村規民約》（以下簡稱《民約》），就是在傳統款約的基礎上，結合現代法治精神和國家現行法律法規而形成的。

對比《民約》與《九十九老款》可發現，《九十九老款》中的強制性規章，《民約》中則代之以倡議性規章。一方面，《民約》在充分尊重人權的基礎上，廢除了傳統款約中帶有封建性、獨斷性的內容，對違反村規民約的行為的懲處也更加溫和與人性化。另一方面，在處理田產問題、山林土地丈量方面的糾紛時，人們仍然傾向於按照傳統款約的規定來處理。只有當傳統款約無法解決問題時，人們才會付諸法律。因此，款約是國家法律法規的必要補充。

圖 1　《黎平縣雙江鎮黃崗村村規民約》

第二，作為寨子的精神像徵、宗法制度的代言人——寨老（歷史上的「款首」）的權力雖然逐漸被「村兩委」所取代，但其仍在村寨中發揮著重要作用。如今，每個侗寨都有 3—5 個寨老，在組織村民議事、舉辦活動、協調糾紛等方面，他們仍然具有強大的影響力和號召力。村寨的發展離不開「村兩委」及上級部門的扶持和引導，而「村兩委」各項工作的順利開展也離不開寨老的配合與協助。因此，寨老仍然會作為「村兩委」的副手存在下去。

第三,「款」文化綜合了侗族所有的文化價值取向,而侗家人對「款」文化的體認,就是對這些文化價值觀的深刻體認。在新的形勢下,這些價值觀也得到了新的發展,大大豐富了侗族傳統文化的內涵。除了肇興侗寨以儒家「五德」來命名鼓樓之外,我們不妨再多舉幾個例子:

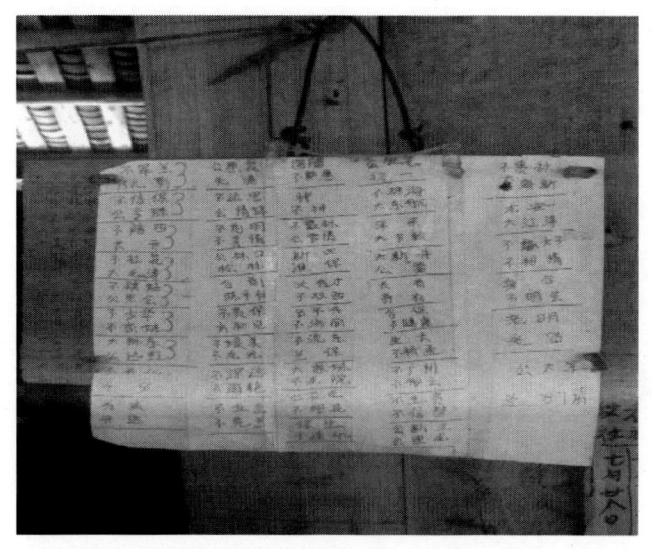

圖2　黃崗侗寨看護「牛王」的排班圖

黃崗侗寨每年都會定期舉辦鬥牛活動,鬥牛大賽的最終獲勝者將會獲得「牛王」的稱號,在未來的一年中,「牛王」要住在專門的牛舍,由寨民們輪流照料,圖2即為照料「牛王」的「排班圖」,一共涉及八十七戶村民。輪值人員主要負責清理牛舍、餵食放風等工作。而照料「牛王」純屬義務勞動,沒有任何報酬。此外,在岩洞村的一座鼓樓中,筆者發現了一份《岩洞侗寨二、三組鼓樓輪流柴火人員名單》(見圖3)。該名單上顯示,每四位村民為一組,輪流負責鼓樓的清掃、維護等日常工作,此項工作也純屬義務勞動。而類似的分工名單,在筆者考察的侗寨中屢見不鮮。而這些自覺自願自發的行為,既是侗家人團結互助的集中體現,更是傳統款約精神在現代社會的延伸。

自古以來,人類在認識世界、改造世界的過程中不斷追求著真、善、美的境界,並逐步將其內化為自己的行為準則,透過習慣法等形式代代流傳。

作為侗族宗族制度核心的款文化，自創立之初就帶有濃厚的宗法色彩。經過千年的流轉，早已作為維繫侗族傳統社會的重要精神紐帶，融入侗家人的血脈之中。從這個意義上來說，包括款約在內的習慣法屬於「第二義」，而「第一義」則是人們對於真、善、美的永恆追求。因此，以團結、互助、友善等為內核的款文化才能適應新時代的要求，並獲得了長足的發展。

圖3　岩洞侗寨二、三組鼓樓輪流柴火人員名單

三、「薩」信仰

如果說「款」文化規定了宗族制度形而下的層面，那麼「薩」信仰則規定了宗族制度形而上的層面。這是因為僅僅依靠款約等外力來約束村民的行為，只能得到「民免而無恥」的結果。若想使村民達到「有恥且格」的境界，就要依靠「薩」信仰了。因此，「薩」信仰與「款」文化共同構成了侗族宗族制度的一體兩面。

侗族信奉原始宗教，崇拜多神，山川河流、古樹巨石、橋樑水井等，都是其崇拜的對象。而「薩」則是侗族社會普遍崇拜的女性神，是侗族民間信仰中地位最高、法力最大的神，也是侗族村寨的保護神。關於「薩」的起源

傳說，侗族社會較為流行的有「仙女下凡說」「太陽天子說」「古代英雄說」，而在黎平侗族地區較為流行的則是「古代英雄說」。

在這個傳說中，「薩」本是一位較有威望的「女款首」，因在抵抗外來入侵和維護民族利益方面做出過重大貢獻，受到侗族人民的特別尊重。她去世之後，侗族人民為了紀念她的豐功偉績，便把她尊為至高無上的女神。因此，「薩」不僅是侗族的祖先神，也是侗族的保護神和英雄神。在侗族地區，除了每月的初一、十五和每年的農曆二月第一個卯日要祭「薩」外，每逢立款、講款、開款、聚款等大事，或者寨子裡遭了火災、水災、瘟疫、戰事時，都要舉行祭「薩」的儀式，祈求「薩」保佑村寨的平安。

相比於佛教的「以像設教」，侗族先民對於侗族民間信仰中地位最高、法力最大的女神——「薩」，卻一直沒有形成具象描述。比如，在我們考察的黎平地區就沒有看到「薩」的造像，即使是在專門祭「薩」的薩壇內，神龕上也沒有供奉神像，而是供奉著一把半開的紙傘。

筆者經過數天的走訪調查，發現侗族的「薩」崇拜無論是從組織形式上，還是從具體儀程上，都表現出了極強的群體性質：第一，一般以村寨為單位建造薩壇，民眾不得在家中私自設壇；第二，薩壇由「管薩者」專門負責管理，民眾不得私自進入薩壇；只有「管薩者」可以直接與「薩」進行交流，普通民眾則不具備這一資格；第三，只有涉及村寨大事時，才可以舉行需全體村民參加的祭「薩」儀式，不得為了個人私利舉行祭「薩」儀式。

堂安侗寨的薩壇是黎平地區保存得較為完整的一個薩壇。該薩壇為榫卯結構的木質建築，薩壇門口張貼著一副對聯：「母心保我村民男康女泰，神婆佑我村民四季平安。」（見圖4）薩壇的外圍呈八方形，中間露天。露天處用鵝卵石砌成高約1米、直徑約3米的圓形土臺。圓丘內安放一口大鐵鍋，鍋內放有蒲扇、草鞋、首飾、紡織工具等，再用一口比底鍋稍大的鐵鍋覆蓋，最後用泥土堆成圓丘。丘頂中央栽有一棵黃楊，樹下插著一把半開的紙傘。至於為何不為「薩」造像，村裡的老人解釋說主要是出於兩個方面的考慮：一是在侗族先民的眼中，「薩」集各種美貌、美德於一身，是完美神聖的，

任何人都無法描繪出她的具象;二是對於「薩」的尊崇早已植根於侗族人民的心中,不需要外在的造像作為寄託。

在侗家人的傳統觀念裡,自己的所作所為、一思一念都在「薩」的監視之中,若是行善,「薩」就會報之以福祉;若是作惡,「薩」就會降之以災厄。因此,無論男女老幼,都對「薩」懷著虔誠的敬畏感。因此,相比於款約的透過懲戒措施等外力來約束人的行為,「薩」信仰更能直擊侗家人的靈魂深處。一言以蔽之,款約在制度層面上約束侗民的所作所為,「薩」信仰在精神層面上引導侗民懲惡揚善,在二者的共同作用下,侗族的宗族制度才得以維繫千年。在「款」文化日漸式微的今天,「薩」信仰仍然是侗族人民信仰的主體,成為維繫宗族制度必不可少的精神紐帶。

圖4 堂安侗寨薩壇門口張貼的對聯

四、結語

　　侗族宗族制度是在「款」文化與「薩」信仰的交互作用下，以侗族標誌性建築——鼓樓為依託，形成的侗族獨有的民族文化。本文即主要圍繞「黎平縣的侗族宗族制度」這一主題，從鼓樓、「款」文化和「薩」信仰三個方面，考察了侗族宗族制度的內涵以及維持其運轉千年的內在動力。宗族制度不僅維持著侗族社會的穩定發展，而且也為侗族文化提供了豐厚的滋養，鼓樓、風雨樓、侗族大歌、侗戲、服飾、刺繡中無不充斥著宗族制度的因子，延續著侗民族的生命力和創造力。

侗族的姓氏與姓氏節——以黎平肇興、三龍、岩洞等侗寨為例

趙卓

一、侗族姓氏與族群流動

　　在侗族地區，將有關族源和祖先的史詩和古歌統稱為「祖公歌」，如《祖公上河》《祖公落寨》等。[37] 關於本民族的族源問題，「江西來」之說在貴州各侗族地區廣為流傳。[38] 比如，在筆者考察的黎平地區，肇興、岩洞等侗寨的老人就對祖先從江西吉安府遷來的歷史如數家珍。而三龍一帶的吳姓是這樣描述自己的遷徙史的：祖先從江西吉安府太和縣遷到梧州，然後再從梧州遷到三龍。但奇怪的是，流傳於三龍一帶的《祖公上河》《祖公入村》等「祖公歌」中都沒提及江西，僅說祖先是從「梧州」來的。[39] 20世紀80年代，黎平縣誌辦還特派專人前往江西吉安、太和等地考察，卻沒有發現侗族曾在兩地居住過的任何蛛絲馬跡，並由此推斷，「江西來」之說應屬「後來遷入之漢民和部分侗民自改祖籍而形成的」。[40]

　　而學界對於侗族的族源問題，目前尚有爭論，有土著和外來兩種意見。外來說又細分為「梧州來」「洞庭湖來」「江西來」等說法。[41] 持「土著說」的吳展明認為，「江西說」「梧州說」「永嘉說」等，只能說是某一居民或某一姓氏的個別遷徙，並融合於土著侗族居民之中，他們同整個侗族的族源

没有必然的因果關係。[42] 鄧敏文則認為，有關侗族族源的不同說法，「不僅反映出侗族形成和發展的悠久歷史，也反映出侗族在形成和發展過程中的多源性」。「民族是一個歷史範疇，一個民族的形成，猶如一條江河的彙集。何處是源？何處是流？誰是土著？誰是外來？應當進行具體分析，應當有一個時間標準和地域標準」。[43]

此外，各姓氏、各宗支的遷徙歷史和村寨的形成過程也是「祖公歌」重要的敘事內容，如《吳氏遷徙歌》《楊氏遷徙歌》等。如《榕江詩歌——祖歌（嘎鬥莎）》中唱道：「古州地方寬，三寶壩子平，我們祖先很高興，決定在這裡建寨落村。姓吳的住高坡，姓楊的住低嶺，低處開成大田壩，高處開成棉花坪。」[44] 而《憶祖宗歌》中也有「各朝一方走，分成幾路行，姓石姓梁後來落六洞，姓楊姓孔落在務孖嶺」[45] 的歌詞。

侗族很早就有姓氏，「飛山公」楊再思就是靖州楊姓侗族的傑出代表。而在筆者調查走訪的黎平縣境內，人口最多的是楊、吳、石三姓，其次為陸、姚、田、龍等姓。需要指出的是，侗族在遷徙流動的過程中，改換姓氏的情況也十分常見。

二、擬制宗族與破姓開親

目前，肇興境內的侗民絕大多數都是「陸」姓，但寨子中的禮團鼓樓前的石碑上卻刻著「贏和滿、龍、鄧家族所建」，仁團鼓樓前的石碑上刻著「從侗寨內其他團遷來的袁、滿、龍、贏等家族所建」，義團鼓樓前的紀念碑上刻著「滿、贏、袁和龍家族所建」。筆者透過採訪當地一位德高望重的老者得知：肇興有「外姓」和「內姓」之分，由江西吉安府等地遷來的人，統一改為的陸姓為「外姓」；而保留的原姓氏，則為「內姓」，以延續家族香火，辨別婚姻。

根據肇興的前任寨老吳定國口述整理而成的《侗族祖先哪裡來：侗族古歌》一書中，也有類似的記載。最早來到肇興定居的是陸氏兄弟——「哥鬧」「弟戀」。陸氏族人對陸續來此定居的其他姓氏並不拒絕，但要求他們必須改為陸姓。而後遷入者在將姓氏改為陸姓後，仍在家族內部保留自己的原姓，

稱為「內姓」。如今，肇興境內的「內姓」有宰、滿、鄧、袁、龍、郭、孟、夏、馬、白、鮑、曹十二姓。[46]「十二內姓」是辨別男女雙方是否同宗的主要依據，經過千年的融合，「十二內姓」早已合為一姓，大家團結一致，共同開發肇興這塊福地洞天。[47] 因此，有學者將「外姓」視作「一種擬制的家族，即在一個固定的區域內，透過『家』這一心理上的認同，將生理上沒有血緣關係的人結合在一起」；而「透過外姓將多個家族整合進來，可以大大提高資源的利用效率」。[48]

而與肇興侗寨相鄰的堂安侗寨的一位陸姓寨老卻認為，肇興所謂內姓，乃陸姓內部房族的名稱，也就是以所在地名來稱呼房族。堂安侗寨以嬴姓、陸姓為主，此外還有潘姓、藍姓、吳姓、楊姓、石姓，共七個姓氏，其中的陸姓和潘姓又有大陸、小陸，大潘、小潘之分，但不區分外姓和內姓。

《貴州社會六百年》一書指出，肇興的陸姓起初分為十三個「頭」，[49] 如頭宰、頭隴、頭滿等。隨著侗漢文化的交流與融合，「侗族開始出現漢族地區的姓氏，而十三個『頭』的名稱，也音譯為相應的十三個漢族姓氏，當地人稱為『內姓』，即本身的姓」。如「頭隴」之「隴」，與漢語中的「龍」同音，於是以「龍」為姓。而各「頭」之間在通婚時，都要嚴格遵循本民族、本村寨、本陸姓，非本「頭」方可締結婚姻的傳統習俗。[50] 筆者認為，「侗族開始出現漢族地區的姓氏」的表述不太確切，而確切的說法應是「進一步漢族姓氏化」。「佳所村民對外統姓楊，對內分為多姓：長房姓費，住新鼓樓一房姓辛，住田壩邊一房姓田等」，[51] 即是房族名稱進一步漢族姓氏化的例子。

據光緒十三年重修的《陸氏家譜》載：「宋末元初，因常與外地異姓結親，每多生事，陸華根破倫滅紀，將陸氏分為各房，以房為氏，以便婚配。」[52] 此種觀點又將內外姓之分置於「破姓開親」的背景之中。此外，侗族古歌中也保留了清初九十九公合款破姓開親的歷史：

我們侗家姑娘喲，過去出嫁一定要嫁遠方。同姓的不相婚配，只能許配給外姓兒郎；同姓的寨子連在一起，外姓的寨子各在一方，講起來三十天遠，

走起來四十天長……請九十九位老人來商量，改變過去的風俗習慣，訂出了新的規章；同姓的青年可以通婚，姑娘不必一定嫁遠方。[53]

《黎平縣誌》也有類似的表述：

> 侗族姓氏中，一些村寨還有內姓外姓之分，外姓屬共同姓氏，內姓屬房族姓氏。分姓的目的是為了通婚，如肇興寨及其周邊村寨數千多戶，百分之八十以上都是陸姓，傳說在一百多年前，他們的祖先就商議破條（規）破姓開親，便把大房族另設龍、郭、曹、嬴、鄧、薛、包七姓。從那以後，內姓之間可以互相通婚，並用來刻女性的墓碑，稱為某氏，以示區別。[54]

需要指出的是，並不是所有的侗族地區都有內姓與外姓之分。很多地區，只有對內部房族的不同稱謂，並未形成內姓。如九龍寨絕大部分人都姓吳，內部又分為五個可以通婚的家族，即宰門、臘簡、臘降、臘甲、臘漢。這裡的「臘」，應與肇興的「頭」同義。「據說，最早來到這裡開寨的家族是『臘漢』和『臘簡』，其他的家族都是後面才到的」。「九龍寨實行家族外婚制度，寨內的各家族雖有自己的內姓，但只是起始階段」。[55]

姓氏作為一個家族血緣關係的標誌和符號，對於特定人群的自我認同及分類具有極其重要的意義，其形成與變遷與族群的歷史、社會變遷密切相關。而本文主要論述對象的肇興陸氏，屬於擬制宗族的可能性較大，至於內姓是保留原來的姓氏，還是房族名稱的漢姓化，學界目前尚無確切定論，這也正說明了侗族來源和侗族姓氏的複雜性和多樣性。其中，破姓開親雖然極大地擴大了外姓的範圍，但其並不必然導致內姓的形成。只有理解了侗族姓氏制度的複雜性和特殊性，才能更好地理解侗族文化、民族內涵的豐富性。

三、姓氏節日——以甲戌節為例

侗族南部地區，既供奉本民族共同的始祖女神——「薩」，又普遍奉祀各自姓氏的祖先神，盛行姓氏節日。例如，楊姓過「楊節」，吳姓、胡姓過「戌節」，羅姓過「未節」等。各侗區過姓氏節日的具體時間雖然各不相同，但一般都在忙完秋收秋種之後，與「春祈秋報」的習俗相一致。

「甲戌節」，又稱「祖宗節」「魚凍節」，是吳姓侗族祭祖和慶祝豐收的日子，一般選在交秋之後的甲戌日舉行。這一天，家家戶戶都以魚凍為主菜，因而又稱該節日為「魚凍節」。慶祝內容包括祭祀祖先、侗歌對唱等。此外，相鄰村寨之間常常輪流過甲戌節，以便互相邀請。該節一般要過兩天，頭一天是正節，主要邀請男客，次日邀請女客。甲戌節在三龍地區十分隆重，而地捫侗寨的一位吳姓村幹部則告訴筆者，當地並不過甲戌節，而是過「平安節」。平安節在每年農曆的十月份，主要活動包括祭塘公、拜祖母、唱大歌、演侗戲等，以慶祝五穀豐登，追思先祖恩德，凝聚家族共識。

　　此外，九龍寨的吳顯文老人，還向筆者講述了甲戌節的來歷與地區差異：

　　我們三龍吳家與竹坪、新洞、皮林、坑洞、岩洞等地的吳家同宗同祖。據老人們說，吳家由梧州遷徙出來時有四個公——魯、德、明、雄。我們三龍一帶是雄公的後代，每年都要過「甲戌節」。因為是「甲戌」那天由梧州遷出來的，所以我們每年都在八月「甲戌」這天透過殺牛、吹蘆笙等喜慶活動，表達對祖先的無限懷念與感恩。竹坪的吳姓不過「甲戌節」，而是過「乙亥節」。因為甲戌那天，竹坪吳姓先祖家的雞跑丟了，直到第二天，也就是乙亥那天才找到，所以，竹坪吳姓就改過「乙亥節」了。坑洞一帶的吳家是魯公的後代，由於魯公的耳朵有點聾，兄弟臨別之際，沒有聽清每年過「甲戌節」的約定，因此他們只過大年春節。[56]

　　對於同一個姓氏節日，不同地區的同一姓氏卻有著各自不同的過法，無疑成為宗支與族群遷徙的活化石。

「款」文化對當今侗族地區社會團結的意義

陳子豪

　　摘要：款組織是侗族社會特有的組織結構，侗款是侗族社會的法律規範，它們與款詞一起構成的「款」文化，則成為維繫侗族社會存在和發展的精神支柱。即使到了現在，「款」文化依然在鄉土社會中發揮著舉足輕重的作用。

貴州黔東南侗族文化調查研究

| 宗族文化專題 |

本文擬結合塗爾干的社會團結理論，探究「款」文化的具體內涵、歷史變遷，並闡述其對侗族地區社會團結的重要意義。

關鍵詞：侗款　款文化　社會團結

一、歷史上的侗款

侗族的「款」概念在其所處的文化背景和特殊語境下具有多重含義，既包括作為社會組織形式而存在的「款組織」，作為法律規範意義上的「款約」，也包括作為藝術形式而為侗族人民世代口耳相傳的「款詞」等。而本文所要著重探討的則是社會組織意義上和法律規範意義上的「侗款」。

侗族的款組織主要是指以血緣關係為基礎、以地緣關係為紐帶形成的具有自治自衛性質的侗族民間組織。[57]又被稱為「款制度」等。款組織最早出現於宋代的歷史文獻中。宋人李湧在《受降臺記》中說：淳熙三年（1176年），靖州中洞「環地百里合為一款，抗敵官軍」，這一論述表明了侗款的軍事同盟和自保自衛的性質。

關於款組織長期存在和發展的原因，學界普遍認為主要是基於侗族社會長期以來的雙重性。一方面由於地處邊陲，交通不便，訊息閉塞，處於法律和行政管理上的「空白區」，一直保持著舊有的氏族組織，維持著舊有的傳統、社會組織和生產關係。另一方面隨著民族間交流融合的逐步深入，以及中央政府的力量進入並控制侗族地區，部分侗族地區也逐步納入封建社會的統治軌道之中。而在這部分侗族地區，統治者通常實行中央集權和地方分權相結合的統治策略，高層軍政官員主要由中央政府選派，而歸附的地方統治者由中央政府冊封爵位，並被授予管理地方的實際管轄權。唐代的「經制州」和「羈縻州」即是這一政策的具體表現形式。元代，中央政府在西南地區實行土司制度。明代廢除了土司制度，實行流官統治，流官與土司共同構成了中央政府對西南地區的控制體系框架。由此可知，不管是羈縻制，還是土司制，都只是中央政府對少數民族地區採取的管理政策之一，其實質都是「以土官治土民」，少數民族地區的自治傳統因此得以最大程度的保留，而款組織的長期存在並日益走向完善即是其在侗族地區的具體表現。

從明代中後期到清代中期，隨著中央政府加強了對西南地區的有效統治，民族間的衝突也日益加深，為了維護團結穩定的大局，中央政府在西南少數民族地區實施了改土歸流的政策，並在各個村寨內普遍推行保甲制，以此加強對侗族基層社會的控制。民國，政局的混亂和軍閥的橫行對西南少數民族地區造成了巨大的影響，尤其是地方軍閥對當地的爭奪與蹂躪，在客觀上瓦解了款組織賴以存在的社會條件和組織基礎。新中國成立之後，款組織逐步被鄉鎮人民政府和村民委員會所取代，侗款制度的各項活動完全處於停滯狀態，其組織形式也不復存在了。[58]

而作為法律規範意義上的款約，則是款組織（或者說是侗族社會）的法律規範。它涵蓋的內容和範圍都極廣，幾乎涉及了侗家人社會生產和生活的方方面面，主要內容包括維護社會治安秩序，調整家族內部倫理關係，保護個人或集體的重要生產資料，如田地、山林、河流等。由此可以看出，款約既是侗族社會的明文法律，也是侗族基本道德規範的集中體現。在侗族社會內部，款約主要是透過口耳相傳的形式傳承的。由於侗族沒有形成自己的文字，部分侗區還透過用漢字來記錄侗語的方法來保留款約。對於違款行為的處罰，主要依據的是「六面陽」「六面陰」和「六面威」。其中，「六面陰」主要適用於殺人、搶劫、放火、盜掘墳墓等重罪；「六面陽」主要適用於盜竊、行騙、毀壞山林田地等程度較輕的犯罪；「六面威」主要是指道德倫理方面的訓令。而對於具體違款行為的處置，要根據其情節輕重來實施。一般來說，除了要賠償損失之外，還要遭受遊行示眾、吃家禽牲畜的排泄物等懲罰，情節較重的則會遭到開除寨籍、活埋、水淹等重罰。

作為侗族社會組織機構的款組織和作為法律規範意義上的款約，構成了維繫侗族社會生存和發展的兩大支柱，特別是在維護社會治安秩序、傳承民族文化以及抵抗外部入侵等方面發揮著各自的積極作用。但是隨著時代的變遷、社會的進步和人類文明程度的提高，款組織和款約中的諸多內容已經與現代法治精神格格不入了。比如，款約中對於個別違款行為的懲罰，不但帶有很大的主觀隨意性，而且個別地區還存在著「神判」的現象，帶有原始宗教的色彩。

二、「款」文化的當代遺存和變體

　　新中國成立後，和中國廣大鄉村地區一樣，西南少數民族地區也經歷了探索社會主義道路的曲折路程，雖然取得了巨大的進展，但對民族傳統文化也造成了極大的破壞，以款組織和款約為代表的「款」文化也被一概當成封建勢力的殘餘遭到了毀滅性的打擊。改革開放後，在市場化、現代化大潮的洗禮下，新的思想觀念、價值體系、生活方式等也伴隨著現代化的溝通方式、物質產品和文化產品等一起湧入西南少數民族地區，並對傳統的價值觀和道德觀念造成巨大衝擊。關於道德，塗爾幹在《社會分工論》中論述道：

　　每個民族的道德準則都是由他們的生活條件決定的。倘若我們把另一種道德反覆灌輸給他們，不管這種道德高尚到什麼地步或先進到何種地步，這個社區都會土崩瓦解，所有個體也會痛苦地感受到這種混亂的狀態。[59]

　　中國正處於社會轉型期，傳統與現代的碰撞與衝突無處不在，從道德層面上來看，舊的道德體系雖然遭到徹底否定，而新的道德體系尚未形成，由此形成了道德上的真空狀態，並滋生出諸多社會不良現象。如盜竊、鬥毆、吸毒、賭博等不法現象屢禁不止，在某種程度上影響了社會秩序的穩定。在維護社會秩序穩定、加強基層民主自治建設的雙重壓力下，傳統的侗款制度必須要進行合理化和合法化的重構與轉型，才能適合當今社會的需要。

　　新的侗款制度就是以傳統「款」文化為精神內核，以新的組織形式（如寨老會、老人協會、組管會等）為載體，主要依靠鄉規民約來進行自我規範和自我管理的一系列規章制度。「自主性」是其最大的特性。

　　從組織結構上來看，新的侗款制度主要包括寨老會、老人協會、組管會等。其中，寨老會由寨老組成，而寨老一般由村寨中年高德劭者擔任。每個自然侗寨都會根據自身的規模和房族的數量，推選出三至五名寨老，而隸屬於同一個行政村的諸多自然侗寨的寨老則組成寨老會，而進入寨老會的名單須透過鄉政府的同意，並且每三年或者每五年要進行重新推選。由於連任的情況比較普遍，所以寨老會具有相當的穩定性。

在侗族地區，寨老會是村支部與村委會的有力補充和得力助手。首先，寨老會是侗族地區所有重大傳統習俗活動的組織者和執行者，除了要擇定具體日期、制定活動方案、落實人員與經費外，還要負責與其他村寨的交流聯絡事宜等。

其次，調解和處理村寨內部的糾紛和矛盾，維護社會治安，保證寨內正常的生產和生活秩序。如村寨內發生了有關土地、山林、房產等的經濟糾紛，或是家庭、鄰里糾紛等，一般都會先請寨老按傳統的鄉規民約等習慣法加以協調解決。由於寨老在村寨中具有較高的權威，再加上對於鄉規民約也比較瞭解，所以在一定程度上造成「定紛止爭」的作用。

最後，協助和參與村支部與村委會的日常工作，是寨老會最重要的職責。寨老作為村寨的自然領袖，有權召開長老會議和村民大會，討論有關村寨的重大事務並做出相應決議。因此，其既能夠將村支部與村委會的決議和精神傳達給寨民，也能夠代表寨民，向村支部與村委會表達自身的訴求，是地方政府與寨民之間的紐帶和橋樑。

與寨老和寨老會一樣，老人協會也廣泛存在於侗族地區，在村寨的公共事務中發揮著特殊而重要的作用。其由村寨內德高望重的老人組成，而寨老除了由全體村民公推產生外，還可由老人協會的成員公推產生。與寨老會相比，其組織形式更為靈活，沒有具體的人數限制，而其職責也僅限於處理鄉民內部的矛盾和糾紛。

「款」文化除了組織結構方面的變化外，作為「款」文化另一重要組成部分的款約，也與時俱進地轉化為村規民約。村規民約作為傳統款約的延續，既具有民間法和習慣法的諸多特徵，又與國家法之間存在著一定的衝突性和互補性。下面是黔東南自治州黎平縣雙江鎮黃崗村的村規民約的主要內容：

1. 不亂丟垃圾，群眾對破壞村容寨貌的行為有權制止和舉報。在主幹道、公共巷道兩側的住戶和商戶按照指定位置實行「門前三包」責任制，即包清掃、包衛生、包秩序。垃圾定點入池入箱，積極配合村支「兩委」整治環境衛生，及時繳納衛生管理費。

2. 旅遊景區內，不準濫砍濫伐，不準亂埋亂葬，不準私搭亂建。

3. 建房前，需上報村支「兩委」，村支「兩委」同意後再按照法定的程序和要求辦理準建手續。

4. 熱情待客，杜絕欺詐、辱罵、毆打遊客等有損村寨形象的行為。

5. 禁止在公共街道及消防通道邊擺放雜物，不準隨意停車。

6. 厲行節約，禁止亂辦酒席，鋪張浪費。

7. 保護老人、婦女、兒童在社會和家庭生活中的合法權益。要孝敬、贍養父母，反對忤逆不孝。任何人不得剝奪已婚女子的合法繼承權，喪偶女子有繼承遺產和帶戶再婚的權利。保護未成年子女享受九年義務教育的合法權利，禁止虐待、遺棄未成年子女等惡劣行為。

8. 不得損壞公共設施及鼓樓、花橋、寨門等古建築。

9. 不準往河道內亂倒亂扔垃圾；不準電魚、毒魚、炸魚。

10. 遵法守信，貸款要及時還清。

11. 積極參與社會公益事業和村寨建設，執行村支「兩委」和村民代表大會透過的重大決策。

……

對於違反上述村規民約的村民（戶），由村支「兩委」和村民代表大會作出如下處理：第一次違反者，提出警告；第二次違反者，除按要求改正外，並處 200 元罰款；第三次違反者，除罰款 500 元外，視情節輕重納入村級「黑名單」或者鄉級「黑名單」管理，且半年內不得享有所有的國家優惠政策，暫停辦理所有手續。半年期滿後，由村支「兩委」和村民代表大會討論是否取消「黑名單」管理。

由於黃崗侗寨歷史悠久，侗民族風情濃郁，民俗文化豐富多彩，山水秀美，名勝古蹟眾多，又是男聲侗族大歌的發源地，當地政府立足於本地的資

源特色,加大了對生態旅遊和特色民俗游的開發力度,而村規民約中關於村容寨貌、熱情待客、保護古建築等的條款即反映了黃崗侗民對旅遊業的重視。

透過考察黃崗村的村規民約,不難看出當代的村規民約與傳統的款約之間主要存在著以下幾個方面的差別:首先,在制定程序上,傳統的款約一般都要經過「合款」「起款」等既定程序,而村規民約則是各個村寨根據自身的實際情況制定的,且僅在本村寨範圍內實施。其次,在具體內容上,村規民約按照國家法的相關規定和尊重人權的原則,廢除了傳統款約中有關刑事處罰的條款,以及歧視婦女兒童的條款。

綜上所述,不管是款組織的變體——寨老會和老人協會,還是款約的延續——村規民約,都是「款」文化在當代的自我解構與建構,其對於侗族地區的重要意義主要體現在以下幾個方面:①有助於維護社會治安秩序。②有助於形成良好的社會風氣,提高當地的道德水平。③有助於完善民族區域自治制度以及基層群眾自治制度。④有利於減少行政成本和司法成本。⑤有助於保護和傳承富有特色的侗族傳統文化。

三、侗款制度與社會團結的關係

塗爾干曾對集體意識進行了如下界定:

社會成員平均具有的信仰和感情的總和,構成了他們自身明確的生活體系,我們稱之為集體意識或共同意識。這種意識並不會隨著世代的更替而更替,而是代代相繼,代代相傳。它完全不同於個人意識,儘管它是透過個人來實現的。[60]

在塗爾干看來,集體意識是社會成員平均具有的信仰和感情的總和,在很大程度上影響著社會的凝聚力,也影響著社會的團結,而法律則是觀察集體意識的最佳指標。透過不同的制裁形式,他將法律分為壓制性的法律和恢復性的法律。所謂壓制性的法律,「是建立在痛苦之上的,或者至少要給犯人帶來一定的損失。它的目的就是要損害犯人的財產、名譽、生命和自由,或者剝奪犯人所享用的某些事物」。[61] 侗族歷史上的款約在很大程度上即帶有這種色彩。

塗爾干認為，社會團結是一種整體上的道德現象，是社會分工帶來的必然結果。以黔東南地區為例，因受自然地理條件的限制，該地區耕地面積少，交通不便，加上生產力水平較低，勞動分工程度不高，各個侗寨呈現出零星分佈的狀態，主要依靠款組織來實現村寨內部的管理和村寨之間的交流。地理環境、生產力、社會組織之間的相互影響和相互作用，再加上共同的宗教信仰、民族血緣、風俗習慣、道德規範等，使得侗族社會呈現出一種比較典型的機械團結模式。

「恢復性的法律並不一定會給犯人帶來痛苦，它的目的只在於撥亂反正，即把已經變得混亂不堪的關係重新恢復到正常狀態」。[62] 傳統款約在當代的延續和變形——村規民約在某種程度上即具有這種特性。需要指出的是，這不意味著當今的侗族地區不存在壓制性法律。在塗爾干的社會團結理論中，與恢復性法律相對應的是有機團結，而社會分工則是形成有機團結的推動力之一。隨著社會的不斷發展壯大，社會分工不斷深化，群體之間的差異不斷地縮小，個體之間的差異卻不斷地變大，建立在個體的差異性基礎之上的有機團結由此得以形成。

塗爾干指出：「共同信仰和共同習俗絕大多數都是從傳統力量中獲得的，它們顯然越來越無法阻止個人的自由變化和發展。」[63] 市場經濟和現代化思潮對世居在黔東南地區的侗族產生了巨大而深刻的影響，使得大量侗族青壯年走出大山，前往大城市，尤其是東南沿海地區務工，尋求自我的發展。而大城市和沿海城市充斥著各種新的思想觀念、價值取向、生活方式等，必然會對這些外出務工的侗族青壯年產生潛移默化的影響，而當他們回到家鄉後，這些新事物、新知識、新思想必將會對傳統的鄉土社會產生一定的衝擊。

塗爾干認為，社會是一個由機械團結向有機團結發展和轉變的過程，而現代化則是實現這個轉換的必經之路。而現代與傳統之間的衝突，必然會造成「失範」現象的出現。因此，塗爾干將「失範」界定為由於社會規範失調而產生的一種社會反常狀態。在機械團結的社會中，人們擁有同樣的價值理念、制度規範、生活習俗，而人與人之間的同質性所產生的吸引力會將社會

團結在一起。當人們缺少共同的規範和價值觀的時候，社會就有陷入動盪的危險。

塗爾干認為，「失範」是由調控力度不足造成的，因此，解決「失範」問題的根本途徑就是綜合運用行政、法律、道德倫理、文化等手段，重新修復規範系統、道德系統、價值觀系統。

對於黔東南侗族來說，既需要加強行政力量的調控和引導，又需要加強自身的制度與文化建設，尤其是從以款組織、款約、款詞為代表的傳統「款」文化中尋找符合現代化要求的因素。

有機團結作為一個把握社會橫向聯繫的概念，對於研究一個社會是如何在觀念、制度、實踐等方面成為一個整體來說意義重大。筆者在考察侗族基層社會組織的過程中發現，寨老會、老人協會等傳統款組織的變體已經成為村支「兩委」及其附屬機構的有力補充和得力助手，在村務管理中發揮著重要的溝通、協調、監督、參與等作用。而村規民約作為款約的延續，對重新樹立良好的思想道德觀念、維護基層社會秩序的穩定造成了舉足輕重的作用。

塗爾干的社會團結理論指出：「社會職能越是趨於專門化，就越是需要某些附加因素，人們必須緊密地結合在一起，以便進行共同合作。」[64] 作為有機團結推動力的勞動分工是隨著生產力的發展而產生的，而發展生產力的最終目的是為了滿足人類日益增長的物質文化需要，產業結構就成為衡量勞動分工的一個重要參考。受地理和歷史條件的影響，黔東南地區的產業結構主要以自給自足的農業為主，但這一地區的生態資源、民俗資源、文化資源都極為豐富，當地政府應充分挖掘代表性的民風民俗，發展具有民族特色的民俗旅遊產業。

四、面臨的挑戰

作為中國侗族地區獨有的特色文化，「款」文化雖然在當代進行了重構與轉型，並在侗族基層社會中繼續發揮著重要的作用，但由於賴以存在的社會基礎和制度基礎都已發生了根本性的變化，其將來面臨的挑戰必將越來越嚴峻。下面，筆者將主要從以下三個方面加以闡述：

首先，現代化對傳統文化的衝擊。部落血緣、宗教信仰、制度組織、民俗習慣是侗族社會得以存在和延續的重要基礎，但它們均受到現代化的全面衝擊。比如村寨公共事務的決策權正在逐步從德高望重的老者手中逐漸轉移至接受現代教育和新思潮洗禮的侗族青壯年手中，從而對以寨老會、老人協會等為代表的傳統權威造成巨大衝擊。在筆者調查走訪的侗區，一些侗族村寨的村支「兩委」成員都是高校畢業生，這些新生力量必將給侗族社會和傳統文化帶來更大的改變。

其次，款組織作為侗族特有的一種具有軍事聯盟性質的、以地域為紐帶的民間社會組織形式，不可避免地帶有地方主義的色彩。為了維護民族團結和社會穩定，必須將其納入法制化管理。

最後，村規鄉約雖然在一定程度上彌補了國家法的不足，減少了司法成本，但在國家法與民間法衝突時，強大的歷史慣性常常使國家法失效或者被規避，從而不利於提高村民的法律意識，增強村民的法治觀念。

五、結語

「款」文化是侗族人民在長期的發展和探索中自發形成的民族文化，適用於具有自治傳統的侗族社會，對族群的延續和發展造成了至關重要的作用。在當代，儘管其面臨著越來越嚴峻的挑戰，但筆者相信，在地方政府的有效引導和管控下，其必將繼續在加強民族團結、促進經濟發展、維護社會穩定、保護與傳承傳統文化等方面發揮不可替代的作用。

┃建築文化專題┃

▌論侗族鼓樓建築的保護與侗族木構建築營造技藝的傳承

陳慧本

2017年7月，筆者有幸來到黎平，在這個侗族風情濃郁的侗寨進行了為期一個月的田野調查。調查期間，筆者透過翻閱文獻、實地探訪、上網查詢資料，對侗族的傳統建築物及其建造技藝有了初步的瞭解。在嘆服侗寨建築的巧奪天工和侗族人民精湛的建造技藝之餘，筆者不禁生出以下疑問：要如何保護侗家人的精神家園——鼓樓？其他侗族古建築當前的生存狀況如何？侗族木構建築營造技藝是否也面臨著失傳的危險？帶著這些疑惑，筆者開始了自己的田野調查之旅。

眾所周知，侗族有三大寶——鼓樓、大歌、風雨橋。其中，鼓樓是侗族大歌的重要表演場所，而風雨橋（亦稱花橋）則是鼓樓建築群的組成部分之一。由此可以看出，鼓樓不僅是侗族人民重要的文化交流場所，也蘊含著豐富的侗族文化元素，既是侗族特有的民族文化象徵和標誌，也是侗家人的精神家園。

鼓樓不僅是侗族木構建築的典型代表，也代表了侗族人民精湛的建造技藝。物質文化遺產也有非物質性，要把物質文化遺產的非物質性和物質性結合在一起。因此，當論及鼓樓建築的保護時，保護和傳承侗族木構建築營造技藝也應是其題中應有之義。

一、侗族鼓樓及其保護

鼓樓是侗族地區特有的一種公共建築，具有造型美觀、結構獨特、歷史悠久、用途多樣等特點。在黔東南苗族侗族自治州，幾乎每個侗寨都建有鼓樓。而鼓樓的多少，要根據這個寨子的族姓來定。一般是每個族姓一座鼓樓，如果侗寨族姓多，往往一寨之中同時有幾個鼓樓並立。

從鼓樓所在的位置來看，鼓樓一般建在村寨最中心的地方，而整個村寨便圍繞著鼓樓延伸和展開。鼓樓是侗寨的標誌和象徵，寨子所有的重大活動都在鼓樓舉行。此外，鼓樓還是聚眾議事、排解糾紛、宣講鄉規民約、傳授知識、祭祀的場所。夏天，寨民們在鼓樓大廳中納涼閒聊；冬天，寨民們在鼓樓大廳中燒火取暖；逢年過節時，人們在鼓樓中載歌載舞，歡慶節日；有客人遠道而來時，則在鼓樓中舉行「踩歌堂」的歡迎儀式。

由於鼓樓的造型酷似一棵大杉樹，村民稱之為「遮陰樹」。「鼓樓內部也非常講究，樓頂上、檐角上和封檐板下都裝飾著精美的彩塑和繪畫，除飛禽走獸、花鳥魚蟲、人物故事外，還有大量絢麗多彩的侗鄉風情畫，描繪了踩歌堂、賽蘆笙等場景」。[65] 因此，每座鼓樓都是一件巧奪天工的民間建築精品，都在述說著侗家的悠久歷史和文化風情。

隨著村寨的不斷擴大和社會的進步，鼓樓的形式和功能也在不斷變化。從外形上來看，鼓樓經歷了亭狀鼓樓、樓狀鼓樓與塔狀鼓樓三個階段。初期鼓樓的外觀造型較為簡陋，主要用於族姓內部的聚眾議事。隨著社會經濟的發展，侗族社會中出現了超越村落範疇的民間自治和自衛組織——「款」，鼓樓也成為款組織聚眾抗敵、聚會議事的場所。新中國成立後，隨著民族自治制度的實施，鼓樓的軍事色彩逐漸消失，而其社會文化色彩日益濃厚。[66] 可以說，鼓樓是侗族社會發展的歷史縮影，也體現了侗族人民兼容並蓄、開放包容的博大胸懷。

20世紀80年代初期，貴州省開展了第一次全省文物普查工作，正式將鼓樓作為文物保護起來。[67] 1985年6月，在北京民族文化宮展覽館舉辦了「貴州侗族建築及風情展覽」，在國內外引起很大迴響，也進一步推進了鼓樓的研究和保護工作。

需要指出的是，保護鼓樓不僅僅是政府和專家學者的責任，也是所有侗家人義不容辭的職責和義務。筆者透過實地調查，發現在黎平侗區，鼓樓的日常清潔和維護工作都是由當地村民輪流負責的，而當值的村民則被稱為「柴火人員」，有些侗寨的鼓樓內還張貼有輪流柴火人員的名單。當鼓樓因年久失修破損嚴重時，也是由該鼓樓所屬的族姓來負責維修的。

二、鼓樓的建造

鼓樓正式動工前需先擇吉日，殺雞祭拜魯班祖師爺及已過世的歷任掌墨師們（侗家人對建築師的稱謂），然後取五尺長的圓木，在圓木上用墨鬥彈墨並唸咒語「開墨」後，掌墨師們才能使用自己的工具。

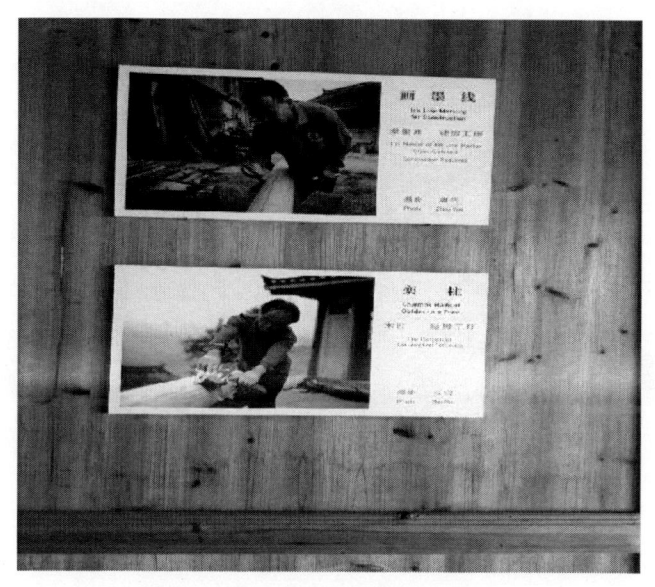

圖 1　掌墨師在畫墨線、做　柱

過去建造鼓樓時，是沒有現代意義上的建築設計圖等施工圖的，掌墨師們雖然也要繪製鼓樓的平面圖，但其並不涉及如何透過榫卯銜接固定梁木、層與層之間如何轉換等關鍵步驟。因此，鼓樓的建造全憑掌墨師們超群的計算能力、記憶力以及其他建造經驗。

侗族的掌墨師皆為當地的民間工匠，在設計鼓樓、風雨橋以及民居等木構建築時，他們憑藉的工具只是一桿傳統的度量尺，稱為「匠桿」。「匠桿」是用一片竹子刮去青皮製成的，長度相當於房屋中柱的長度，用曲尺、竹筆和鑿刀把一座建築的主要部件的長度、尺碼繪刻在上面，使用起來，橫比豎量，得心應手。此外，「匠桿」上往往還刻有一些只有掌墨師才能看得懂的建築符號。[68]

圖 2　掌墨師在製作「匠桿」

　　1987 年，著名鼓樓掌墨師陸文禮《侗族鼓樓建築施工設計圖冊》一書的出版，改變了侗族鼓樓建築沒有結構圖和施工圖的歷史，也有利於侗族木構建築營造技藝的保護和傳承。除此之外，一些專家學者也開始嘗試從現代建築理論的角度，全面審視以鼓樓為代表的侗族建築，並為研究侗族木構建築的營造技藝提供了科學的理論依據。

三、侗族木構建築營造技藝的傳承現狀

　　2006 年，貴州省黎平縣、從江縣以及廣西壯族自治區柳州市、三江侗族自治縣的侗族木構建築營造技藝入選了「國家級非物質文化遺產名錄」。名錄中是這樣來描述侗族木構建築的營造技藝的傳承現狀的：

　　令人擔憂的是，目前由於侗族建築工匠後繼乏人，木材來源匱乏，加之木構建築防火能力極弱，易損毀而難再生，因此，侗族木構建築及相關技藝面臨著延續的危機。只有加強搶救和保護工作，才能使絕妙的侗族木構建築技藝世代傳承下去。[69]

　　透過在黎平縣七八個侗寨的實地考察，筆者對名錄中所描述的侗族木構建築營造技藝的生存現狀和傳承危機有了更深入的認識。

　　侗家人自古就有在山上種植杉木的傳統，以備日後建造房屋和鼓樓、製作棺木之需，而侗寨的成年男子都會做一些木匠活兒。按照侗族的傳統習俗，

每當寨民需要建房時，親朋鄰里都會自發過來幫忙，大家分工合作，相互學習，相互切磋技藝，客觀上促進了木構建築營造技藝的傳承。

目前，隨著寨中新建的房屋逐步改為磚房，傳統木構建築日益走向式微。造成這一現象的原因主要有以下幾個方面：首先，正如名錄中所言，「木材來源匱乏，加之木構建築防火能力極弱，易損毀而難再生」。其中，防火性能極弱是造成木構建築衰落的主因。20世紀80年代初，九龍侗寨的一場大火就燒燬了一百三十二戶人家的房屋，給整個村寨帶來了無法估量的損失。而與木房相比，磚房不但防火性能要好很多，且一旦發生火災，也能將火災控制在一定範圍內，阻止火勢的蔓延擴大。其次，按照侗族的傳統習俗，衛生間一般都要建在屋外的池塘邊，屋內是不配置衛生設施的。但可以直接在磚房內設置衛生間，給村民們帶來了極大的便利。最後，越來越多的侗族青壯年外出務工，一方面增加了家庭的收入，為改善家庭的居住條件提供了資金支持；另一方面也造成了傳統木匠技藝的後繼乏人，使得木構建築及相關技藝面臨著延續的危機。

在過去，做木工活兒只是侗民的一項副業，而如今，精通木建築營造技藝的侗民們組建了自己的施工隊，並將其作為自己的主業來經營。以黎平縣岩洞鎮下爪侗寨的吳應光掌墨師為例，現年六十二歲的他就帶領一個二十餘人的施工隊常年奔波在外，四處建造鼓樓。他的施工隊成員都是一些五六十歲的老人，每天還要夜以繼日地工作，十分辛苦，但收入並不理想。在接受筆者的電話採訪時，吳應光師傅正和他的施工隊在貴州銅仁建造鼓樓。據他介紹，他本人的日收入是三百元，而其他人的日收入只在二百元左右。而按照現在的行情，普通泥水匠的月收入早已過萬了，再加上木構建築的營造技藝學習起來既費時又費力，而建造鼓樓的工作又極為辛苦，年輕一輩的侗民不願投身於這門行當也就不難理解了。

在筆者調查走訪的黎平縣岩洞地區，真正精通鼓樓營造技藝的掌墨師目前僅有六十人左右，年齡在四十歲至五十歲之間的為六人，其餘的年齡都在五十歲以上。由於侗族木構建築的營造技藝主要以師徒之間「言傳身教」的方式世代相傳的，而師父在傳授時一般不會傾囊相授，而是有所選擇和保留，

徒弟們往往需要經過十多年甚至數十年的經驗積累和悉心揣摩，才能真正掌握其中的精髓和核心技術，從而造成了木構建築營造技藝傳承的巨大阻礙。

此外，作為一門傳統的手藝活兒，木構建築的營造技藝還面臨著如何與現代建築接軌的困境。廣西三江地區著名的掌墨師楊似玉指出，建造資質是決定建築施工隊能否承接工程的關鍵。侗族的掌墨師大多都是當地的民間工匠，文化程度較低，也沒有取得相應的建築資質。而許多大型木構建築工程在招標時，對參與競標的建築公司設置了較高的建築資質門檻。因此，在經過層層轉包後，施工隊才能承接到這項工程。而這種層層轉包既極大地削減了施工工人們的實際收益，也阻礙了傳統木構建築行業的良性發展。[70]

侗族掌墨師們的窘迫境遇，直接導致了木構建築營造技藝傳承的困境，而鼓樓在侗民心中的地位有所下降，則表明傳統木構建築正悄然聲息地失去其本土群眾基礎。據瞭解，黎平縣境內的鼓樓數量從20世紀80年代初的三百多座增長到如今的五百餘座。而這五百多座鼓樓中，很大一部分都是在「文革」期間被毀鼓樓的地基上重建的，肇興侗寨中的五座鼓樓就屬於這種情況。所以說，現存鼓樓數量的增加並不能說明木構建築營造技藝的提高。

另一個值得注意的現像是，鼓樓固有的社會文化功能正在逐步消失。在九龍侗寨，原先共有三座鼓樓，一座鼓樓的大門已上鎖，一座於1997年毀於火災，經修繕後改為侗族大歌傳承室，只剩下最後一座仍在充當村民的社交活動場所，但其在寨子中的重要性早已今非昔比了。

四、侗族木構建築營造技藝的傳承建議

隨著全球化和城市化進程的加速，文化遺產的傳承受到猛烈衝擊，包括木構建築營造技藝在內的、主要依靠「言傳身教」傳承的非物質文化遺產正在迅速消失。木構建築營造技藝在現代建築思想和建造方式的巨大衝擊下，生存基礎已經發生巨大改變，面臨失傳的危險。只有加強搶救和保護工作，才能使絕妙的侗族木構建築技藝世代傳承下去。

在侗族地區，鼓樓都是由侗族民間工匠們完全憑藉自己的經驗建造的，沒有形成完善、統一的營造規範和行業標準，因此，當務之急就是要制定合

理的木構建築營造的行業標準,切實保障從業人員的合法權益,並且吸引更多的年輕人參與到這項事業中來。

侗族木構建築營造技藝作為一項重要的非物質文化遺產,應當受到2011年出臺的《中華人民共和國非物質文化遺產法》

的保護。相關部門應當按照法律的有關規定,積極扶持並資助有關的非遺傳承人,為其開展收徒傳藝、教學和交流等活動提供必要的支持和幫助。

我們還應該認識到,傳承和發揚侗族木構建築營造技藝的關鍵在於當地居民。因此,應該讓當地居民充分認識到傳承侗族木構建築營造技藝的必要性和重要性,調動他們積極參與該項技藝傳承的自發性和自覺性。

侗族鼓樓在當今社會的角色轉變

陳寅瑩

摘要:鼓樓作為侗族最有代表性的建築形式之一,是寨子的象徵和地標,聚眾議事、擊鼓報信、迎賓送客、休閒娛樂、踩堂祭祖等村寨大事都在這裡舉行,在侗族人民的生活中起著極為重要的作用。但在當前社會變遷的現實背景下,其角色和功能都發生了巨大的轉變。本文主要圍繞筆者在侗鄉的田野調查經歷,對於侗族鼓樓在當今社會的角色轉變展開具體論述。

關鍵詞:侗族　鼓樓　旅遊　變化

中國自古以來就是一個多民族國家,在中華文化的百花園中,各具特色的民族文化異彩紛呈,都為中華文化的形成和發展做出了重要貢獻。侗族作為五十六個民族大家庭中的一員,其最引以為傲的三大寶是「大歌、鼓樓、風雨橋」。但隨著社會的變遷和時代的進步,侗族三寶的地位也發生了不同程度的變化,尤以鼓樓的變化最為明顯。

由於侗族沒有自己的文字,因此鼓樓始建於何時就沒有確切的民族文獻記載,但侗族人都自稱:「侗寨出現的時候,鼓樓就出現了。」而鼓樓的概念最早出現在明人鄺露的《赤雅》中:「以大木一株埋地,作獨腳樓,高百尺,燒五色瓦覆之,望之若錦鱗矣。扳男子歌唱、飲瞰,夜緣宿其上,以此自豪。」

此外，清乾隆《玉屏縣誌》中也有關於鼓樓的記載：「南明樓即鼓樓，明永樂年間建……其始基以堅礎，豎以巨柱，其上桷棟題枑之類，凡累三層。」在各地現存的鼓樓當中，最古老的鼓樓應為黎平縣述洞下寨的獨柱鼓樓。據說該鼓樓建於明崇禎九年（1636年），至今已歷經382年的風風雨雨了。

凡是去過侗鄉的人都會發現一個現象，人離寨子還有很遠，就會看到一個連串葫蘆形的尖角，筆直地刺向蒼穹。而這個尖角就是鼓樓的頂尖，中間是疊樓，重檐層層疊疊，自上往下遞增，重檐的層數皆為單數，最多的可達二十一層，最少的僅有一層。而鼓樓底部多呈正方形，中間是一個巨大的火塘，火塘四周放有長凳供人歇坐。

鼓樓在村寨事務和寨民的日常生產生活中，無不扮演著極為重要的角色，因此，在侗家人的心目中具有崇高的地位。

第一，鼓樓是寨民們商議重大事務的場所。鼓樓之所以稱為鼓樓，是因為其頂層均會放置一面齊心鼓。侗族自古就有「鼓置樓上，遇事則鳴」的傳統。明萬曆三年（1575年）的《黨民冊示》載：侗族「或百餘家，或七八十家，三五十家，豎一高樓，上立一鼓，有事擊鼓為號，群踴躍為要」。如開始新一輪的農耕前，寨民們聚集在此商討農耕的各項事宜；寨民建造新房前，也在此商討砍樹建房的相關事宜；起款定約、寨老選舉、踩堂祭祖等大事，也都要在此舉辦。

第二，鼓樓具有擊鼓聚眾，共禦外敵的作用。每當發現外敵入侵時，寨中「頭人」都會迅速登樓擊鼓，鼓聲響徹村寨山谷，而寨民們聽到鼓聲就會迅速聚集到鼓樓前，共同商議抗敵之策。

第三，鼓樓還是寨老處理糾紛、評定是非曲直的場所。當寨民們做出違反款約的行為時，寨老就會依據款約的相關規定作出判決。當寨老無法作出判決時，則由寨民們集體表決，作出公正的懲處。李宗昉《黔記》載：「黑樓苗在古州、清江、八寨等屬。鄰近諸寨，共於高坦處造一樓，高數層，名聚堂。用一竿，長數丈，空其中，以懸於頂，名長鼓。凡有不平之事，即登樓擊之。各寨相聞，俱帶長鏢利刃，齊至樓下，聽寨長判之。有事之家，備牛待之。如無事擊鼓及有事擊鼓不到者，罰牛一只以充公用。」

第四，除去上述政治方面的功能外，鼓樓在侗民的日常生活中也扮演著相當重要的角色。首先，它是村民重要的社交娛樂場所。農閒時，村民們都會聚集在鼓樓，聊天下棋、唱歌跳舞；它還是侗族青年男女結識的重要場合。其次，鼓樓是侗族人舉行節日慶典、祭祀儀式的場所。過年期間，每個侗寨都會舉行祭「薩」活動，寨老和寨民們在鼓樓集合，吹著蘆笙走進薩壇，在給薩歲獻上祭品之後，再回到鼓樓進行豐富多彩的娛樂活動。最後，如果村子裡來了貴客，迎接和歡送的儀式也是在鼓樓舉行的。

而鼓樓作為侗家人的精神家園，自然要建在村寨的中心地帶。此外，鼓樓正面一般都會建一座戲臺，二者共同構成村寨最重要的公共活動空間。但進入現代社會後，鼓樓的角色和功能都發生了巨大的改變。

第一，社交娛樂功能的減弱。筆者在黎平侗寨調研期間發現，聚集在鼓樓打牌聊天的多為年紀稍大的老人，而年輕人則大都待在家裡看電視或者上網。不可否認的是，大眾傳媒不僅改變了侗民的生活方式，也開拓了侗民的眼界。以前，侗民只是透過口耳相傳的方式交流訊息，訊息的內容也僅限於附近村寨的事情，而如今透過互聯網和電視，他們認識了外面更廣闊的世界，而年輕一輩更是擁有了走出大山的勇氣。

第二，在村寨政治生活中的作用大不如前。如今，幾乎每個侗寨都有村委會，選舉、修改寨規的地點也從鼓樓轉移到了村委會。而對於違法犯罪者，都移交給國家司法部門處理，鼓樓再也不是村寨的「小型仲裁所」了。

雖然鼓樓在村寨生活中的地位大不如前，但節日慶典、踩歌堂、行歌坐月等傳統民俗活動依然在鼓樓舉行。此外，鼓樓還成為展示本寨榮譽的場所，每座鼓樓的懸樑上都高高掛滿錦旗，內容包括侗歌大賽、鬥牛大賽、蘆笙大賽等，五花八門。

如今，鼓樓不僅是侗族的標誌和象徵，也成為侗族對外宣傳的名片。與侗族有關的報紙雜誌上，經常會出現鼓樓的身影；侗族民俗旅遊中，鼓樓也是遊客必去的景點之一；地方政府也經常舉辦與鼓樓有關的文化節。

近年來，大眾旅遊熱的興起為侗鄉的發展注入了新的活力，鼓樓作為侗族三大寶之一，其重要性也日益凸顯出來，最明顯的表現就是鼓樓保存較好的地區，遊客們都趨之若鶩，而缺少鼓樓資源的地區，則少有遊客問津。例如，2005 年，在《中國國家地理》主辦的「選美中國──中國最美的地方大型評選活動」中，擁有五座鼓樓的肇興侗寨被評選為「中國最美的鄉村古鎮」。2007 年，《時尚旅遊》雜誌社組織國內專家、學者，會同美國《國家地理旅行者》編輯團隊，到國內景區實地旅遊考察，共同評選出最具誘惑力的十七個旅遊目的地，肇興是貴州唯一入選的景區。這些殊榮在吸引國內外遊客的同時，也帶來了大量的投資，其每年的旅遊收入可達十七億元。

在旅遊業的刺激下，一些原本沒有鼓樓的侗寨紛紛開始建造鼓樓，一些雖然有鼓樓但鼓樓早已破損不堪的侗寨，或者對鼓樓進行全面維修，或者拆除破舊的鼓樓，重新建造新的鼓樓。而這些出於商業目的匆匆修建的鼓樓，已經失去了鼓樓固有的文化內涵與精神價值。隨著社會的變遷和科技的進步，鼓樓的轉變無法逆轉，因此，如何在追求經濟利益與保存傳統文化之間保持平衡，已成為當下侗族人民迫切需要考慮的問題。

鼓不復存，傳統仍在──侗族鼓樓文化

章夢珂

前言

世世代代居住在崇山峻嶺和茫茫林海之中的侗族，創造了光輝燦爛的文化和美輪美奐的藝術。在歷史的長河中，許多建築物和文獻資料都已湮沒無存，可侗族鼓樓及以鼓樓為核心的文化傳統卻穿越千年，歷久彌新，向世人展示著自己獨特的魅力。鼓樓不僅在侗族人民心目中有著崇高的地位，也吸引著來自四面八方的遊客。那層層的疊樓、精美的裝飾、豐富而獨特的文化內涵，無不向遊客訴說著侗族數千年的滄桑歷史。時移世易，如何實現傳統鼓樓與現代文明的和諧共生，就成為侗族人民的當務之急。

一、以鼓樓為核心的侗族風情

　　侗族大部分居住在貴州和湖南一帶。這些地區除侗族外，往往還分佈著其他少數民族，如苗族、布依族、土家族等。侗族是一個歷史悠久的民族，在綿延不絕的歷史發展過程中，創造了大量的有形的和無形的文化遺產，其中最具代表性的三大瑰寶分別是鼓樓、風雨橋和大歌。這三大瑰寶緊密相連，凡侗寨必有鼓樓，凡有鼓樓必有風雨橋，鼓樓是大歌最主要的演唱場所。其中，鼓樓具有歷史悠久、造型美觀、結構獨特、用途多樣等特點，具有十分重要的歷史、科學、藝術、民俗、文物等價值。

　　在筆者調查走訪的諸多侗寨中，號稱「天下第一侗寨」的肇興是最具代表性的侗寨，保留了很多本民族的原生態文化圖景，因此也成為考察和研究侗鄉文化、民族旅遊和民族歷史發展的最重要的侗寨。

　　據說，肇興侗寨是由陸姓兄弟開建的，之後陸續遷來的人也都改姓陸，但家族內傳原姓，現寨中還有十二個原姓，五大房族。而由五大房族掌控的五個自然片區，在當地稱之為五「團」，即仁團、義團、禮團、智團、信團。五「團」雖然隸屬於同一個行政村，但按侗家一個族姓一座鼓樓的習俗，五「團」都建有自己的鼓樓，即「仁、義、禮、智、信」五座鼓樓，被稱為「肇興鼓樓群」。每鼓樓都配有一座風雨橋和一座戲臺。五座鼓樓群、五座戲臺、五座風雨橋聚集在一起，共同構成一道壯麗的侗寨風景。

　　風雨橋又稱「花橋」，以其能避風雨並飾彩繪而得名，是一種集橋、廊、亭三者為一體的橋樑建築。一般建在離鼓樓不遠的溪河上，主要由橋墩、橋面、廊亭三部分組成，廊亭木柱間設有坐凳欄杆，欄外挑出一層風雨檐，既增強橋的整體美感，又保護橋面和托架。廊亭上或雕或繪有雄獅、蝙蝠、鳳凰、麒麟等吉祥圖案，精美絕倫，栩栩如生。

　　一般來說，鼓樓正對面都會建有戲臺。侗族沒有自己的文字，侗族大歌和侗戲就成為傳承和發揚文化的重要方式。尤其是侗戲，它講述的都是自己民族的歷史和先民的故事。每逢節日，侗寨男女老幼便歡聚在戲臺前看侗戲。一出歷史大戲可以連續唱上十多天，一出生活小戲也能演上兩三個小時。

除了風雨橋和戲臺外，鼓樓周圍還有瓢井和薩壇等傳統建築。這些建築與鼓樓融為一體，共同構成了侗族人民最重要的生活空間。

此外，侗族還有另外一個瑰寶——侗族大歌。侗族大歌在侗語中稱「嘎老」。「嘎」即歌，「老」有大和古老之意。「嘎老」的意思就是從很久以前流傳下來的歌曲，是一種多聲部、無指揮、無伴奏、自然和聲的民間合唱形式，多在重大節日、集體交往或接待遠方尊貴客人時演唱。由於沒有自己的文字，侗家人就視歌為寶，認為歌就是知識，就是文化，人人都會唱歌，處處有歌，事事都與歌緊密聯繫，所以侗族大歌不僅世代傳唱，而且內容和形式都不斷豐富。在越來越多的傳統文化瀕臨消失的大背景下，侗族大歌的逆生長是幸運的，也是現代多元文化的福音。

二、鼓樓的奇特結構

鼓樓那奇偉的造型、精湛的營造技藝、美輪美奐的裝飾藝術，使其成為侗族最有代表性的物質文化遺產。從整體外觀造型來看，鼓樓是在不脫離杉樹原型的基礎上，糅合漢族密檐多層佛塔的造型而形成的下大上小的樓塔形，高度一般在十米至二十米之間。侗家人認為奇數是吉利的數字，所以鼓樓的層數都是奇數，從一層至二十一層不等。需要指出的是，數字「十三」被西方一些國家和民族視為不吉利的凶數，而侗家人卻不這麼認為，反而將很多的鼓樓都建為十三層高，從而折射出中西方數字文化的巨大差異。

鼓樓之所以稱為鼓樓，是因為其頂層均會放置一面齊心鼓。

每當村寨有大事發生，起款定約，遇到外敵入侵，寨中「頭人」就會登樓擊鼓，用鼓聲召集眾人聚集到鼓樓前。無事是不能隨便登樓擊鼓的。因此，其作用與烽火臺相似。隨著社會的變遷和通訊方式的變化，鼓樓的這一功能也消失不見了，就連能爬到頂樓的梯子也都不存了。

鼓樓中部是層層疊樓，由下往上逐層收分，樓檐一般為四角、六角、八角等偶數，這些向外伸展和向上翹起的檐角既增加了鼓樓的對稱感和美感，也提升了鼓樓的層次感和立體感。

整座鼓樓全靠十六根杉木柱支撐，頂樑柱拔地凌空，排枋縱橫交錯，上下吻合。底層的大堂寬闊平整，四周設有長凳，中間用條石砌一個大火塘，樓前為全寨最重要的公共活動空間，村民們夏日來此避暑納涼，冬日來此圍火取暖，逢年過節時，聚集在一起吹蘆笙、唱大歌、看侗戲等。

　　此外，鼓樓還有兩個最讓人驚嘆的地方。一是傳統的鼓樓建築沒有結構圖和施工圖，全靠民間工匠們憑藉自身的經驗，運用一把匠桿來完成建造。二是整座建築不用一釘一鉚，全用杉木鑿榫銜接，卻能屹立百年而不倒，而侗族民間工匠們高超的建造才能也由此可見一斑。

三、鼓樓是侗族人生活和文化的中心

　　毫不誇張地說，鼓樓就是侗寨的「心臟」。不僅寨子是圍繞鼓樓而建的，侗族人的生活和文化也都是圍繞鼓樓而展開的：全寨在鼓樓舉行祭祀儀式，寨老集中村民在鼓樓議事、評斷是非，侗族青年男女在鼓樓透過「行歌坐月」的方式相識交往，老人在鼓樓告別自己的生命，進入另一個世界……因此，鼓樓是侗家人的精神家園。時移世易，鼓樓的許多文化內涵和社會功能雖然都已消失，但其仍在侗家人的生活和生命中扮演著不可或缺的角色。

　　如今，和全國其他農村地區一樣，每個侗族村莊都有村支「兩委」，但與它們不同的是，侗族村莊下面往往還保存著寨。由於鼓樓是按照族姓建造的，每個族姓一座鼓樓，所以寨中的大小比賽，如籃球比賽、廣場舞大賽、蘆笙大賽、大歌比賽等，也都是以鼓樓為單位進行的。因此，鼓樓就成為各房族的榮譽陳列室，而在我們走訪的每座鼓樓裡，都掛滿了各式各樣的獎狀和錦旗。除了陳列榮譽外，鼓樓裡也貼有村規民約、輪流柴火人員名單、活動經費去向等告示，展現了侗族人事事公開的優良傳統。

　　而村規民約是由侗族傳統的款約演變而來的，封建社會時，由於「王法不下縣」，所以各個侗寨就透過制定款約來維護社會秩序、保障社會安寧、調整人際關係。隨著社會的轉型和時代的進步，款約也與時俱進地轉變為小款，即村規民約，被寨民們刻寫在木板上，然後掛到鼓樓裡。在地捫侗寨的一座鼓樓中，筆者就發現了該村的十八條小款。其中第六條規定：凡適齡兒

童必須接受九年義務教育，對未入學或輟學兒童的家長實施處罰。透過將國家的現行政策轉變為村規民約，順利實現了傳統文化與現代社會的接軌。

在過去，鼓樓是迎送賓客的場所，時至今日，這一禮俗仍在盛行。筆者所在的調研團每到一處侗寨，該寨的侗歌隊都會在鼓樓前唱著侗歌歡迎我們。而侗歌屬於對歌，需要雙方一唱一和，筆者所在的調研團也以《浙江大學校歌》來回應。

由於鼓樓還是舉行重大祭祀儀式和節日慶典的場所，所以鼓樓附近一般都建有薩壇和戲臺。侗民在祭「薩」前，要將寨內所有鼓樓都走上一遍，而祭「薩」儀式結束後，還要回到鼓樓進行豐富多彩的娛樂活動。侗族有一句俗話：「六月六，早禾熟。」因此，侗民把這一天作為嘗新節，把剛成熟或接近成熟的穀物摘下來，蒸成糯米飯，包成粽子，寨民們聚在鼓樓一起「嘗新」。

四、鼓樓文化遺產的保護及傳承

隨著原有的相對封閉的社會文化體系被打破，以大歌、侗戲為代表的侗族傳統文化和以鼓樓、風雨橋為代表的傳統建築在現代文化的衝擊下，正面臨著嚴重的生存危機，因此保護這些寶貴的物質遺產和非物質遺產，就成為全社會義不容辭的責任。許多侗寨都認識到保護傳統文化的重要性，紛紛在寨中修建各種類型的生態博物館，向各地遊客展示自己的傳統文化。

堂安侗寨坐落於大山深處，通往寨子的盤山公路極為險峻，鼓樓、戲樓、吊腳樓民居等都保存完好，還新建了生態博物館和文化博物館，陳列著許多珍貴的文物和照片。遺憾的是，由於該村每個家庭的年收入只有兩三千元左右，寨子裡的年輕人都外出務工了，留在寨子裡的都是上了年紀的老人和留守兒童，許多傳統文化技藝都陷入了後繼乏人的困境。

而筆者在地捫侗寨看到的情形，則與堂安侗寨形成了鮮明的對比。該寨平均每個家庭的年收入在七八千左右，屬於黎平地區較為富裕的侗寨，不僅建有人文生態博物館，用以記錄和保存當地的人文生態；還建有一個規模不小的圖書館，鼓勵寨民多讀書。此外，還積極組織中小學生在課餘時間學習

大歌、侗戲、木工、刺繡等傳統技能。筆者由此得出一個結論：只有在改善民生的前提下，才能更好地保護民族的傳統文化遺產。

五、結語

鼓樓是侗族特有的民族文化象徵和標誌，其外形雖與漢族密檐式佛塔極為相似，但建造技藝卻迥然不同，全靠民間工匠們憑藉自身的經驗，運用一把「匠桿」來完成建造。整座建築雖不用一釘一鉚，全用杉木鑿榫銜接，卻異常堅固。鼓樓不僅是侗寨的中心，也是侗族人生活和文化的中心，匯聚了侗族人的生活空間和精神空間。它既可以代表一個姓氏，一座寨子，也可以代表整個侗民族。筆者在此由衷希望，鼓樓文化不僅能經受住現代文明的衝擊，而且能借助現代文明，煥發出新的生命力，擁有更加燦爛的明天。

從侗寨建築門匾看黔東南侗寨文化變遷

李含雨

摘要：黎平縣是侗族文化的主要發祥地，擁有「侗鄉之都」的美譽，境內分佈有肇興、堂安、黃崗、三龍、岩洞、地捫六個侗寨。筆者分別對這六個侗寨的傳統建築——鼓樓、戲臺和花橋的門匾進行了實地調查，並以此為立足點，深入探討了黔東南侗寨獨特的水文化、歌文化和「薩」文化的豐富內涵及其歷史變遷。

關鍵詞：門匾　水文化　歌文化「薩」文化

俗話說，侗寨建築有三寶，鼓樓、戲臺和花橋（風雨橋）。其中，鼓樓作為侗寨的象徵和最高建築，一般矗立在寨子中央。戲臺一般建在鼓樓附近，是侗族人民表演和欣賞侗族大歌和侗戲的場所。而點綴於村寨中的風雨橋，本是為侗民遮風擋雨的場所，後來變為青年男女以歌會友的地方。三者相輔相成，成為侗寨一道亮麗的風景，共同構成村寨最重要的公共活動空間。而門匾是鼓樓、戲臺、風雨橋都必不可少的建築構件，不僅歷史悠久，而且有著豐富的文化內涵。本文即以門匾為立足點，分別探討黔東南侗族獨特的水文化、歌文化和「薩」文化。

貴州黔東南侗族文化調查研究

|建築文化專題|

一、水文化

　　筆者在縣文廣局工作人員的帶領下，首先考察了號稱「天下侗族第一寨」的肇興侗寨。寨民全為陸姓侗族，分為五大房族，當地稱之為仁團、義團、禮團、智團、信團。在侗族地區，鼓樓作為村寨的標誌和經濟實力的象徵，多建在村寨的中心。由於一個族姓建一座鼓樓，因此，寨中共有「仁」「義」「禮」「智」「信」五座鼓樓。每鼓樓都配有一座風雨橋和一座戲臺。五座鼓樓群、五座戲臺、五座風雨橋連在一起，構成一道壯麗的風景，令觀者嘆為觀止。

　　由於鼓樓為全木質結構，防火性能較差，所以一般建在水源附近。如信團鼓樓旁有一片池塘。禮團鼓樓北側有一汪山泉，可直接飲用，山泉兩側的石壁上刻有「池中長蓄水，亭下自通泉」。智團鼓樓旁有一口水井，井蓋上刻「飲水思源」，地面上原刻有一副對聯，僅存「龍吐山珍寶井」幾字，其餘文字均漫漶不清，難以辨認了。這口井平時可為村民們提供生活用水，一旦鼓樓發生火災時，還可作滅火之用。仁團鼓樓於1964年被大火燒燬，1982年村民在原址上重建。

　　堂安侗寨距離肇興六公里，位於弄報山的半山腰，始建於清嘉慶年間，寨民以贏、陸兩姓為主，是中國與挪威兩國政府共同創建的「侗族生態博物館」，也是世界上唯一的一座侗族生態博物館。不同於其他侗寨，堂安的鼓樓建於村寨外梯田的一隅。鼓樓旁邊是傾斜的戲臺，後面是瓢井。（瓢井是用來盛泉水的石鬥，因左右各有一凹槽，形似木瓢而得名。）瓢井裡噴湧而出兩股山泉，泉水清冽甘甜，可直接飲用。

　　「地捫」在侗語裡是指水不斷湧出的地方，因此地捫侗寨的山泉星羅棋布，溪流終年淙淙不斷。寨中共有三座鼓樓和五座風雨橋，鼓樓沿山而建，兩側挖有溝渠，汩汩山泉沿著四通八達的溝渠蜿蜒而下，流進鼓樓旁的水渠，流進房前屋後的水塘，滋養著田地和侗家人。

　　只要順著山泉，就能看到一幅完整的侗族鄉村生活圖景：上了年紀的老人們在鼓樓裡悠閒自在地談天說地，孩子們在鼓樓的圍牆邊追逐嬉鬧。清澈

的山泉和溪河流過家家戶戶，溪河上架設著大小不一的風雨橋，姑娘們在小溪邊洗衣洗菜，不遠處幾個光著身子的男孩從花橋上一躍而下，像魚兒一樣在河水中游來游去，倒是嚇得那些真正的魚兒像離弦的箭一樣，順著溪河而下，躲進山下的一塊塊稻田中。

二、鼓樓門匾中蘊藏的侗族文化

門匾，顧名思義，是指建築物大門額上的裝飾性匾框及其題詞。鼓樓的門匾雖稱不上製作精良，但卻是考察侗族文化的重要媒介。根據來源和性質的不同，可以將其分為以下幾類。

1. 賀匾

這類門匾是由相鄰村寨贈送的，用來祝賀鼓樓的落成。如肇興智團鼓樓的門匾為「氣勢長存」，門匾上還刻著說明文字：「燕賀智寨華樓落成誌喜，義寨全體群眾敬賀。一九八四年歲在甲子正月初 X。」

堂安的鼓樓有內外兩套門匾，外部的門匾上刻著「聯建金樓千秋昌盛，安興玉閣萬代榮昌」，內部的門匾上刻著「塘坊壇塔址地墒，安宮寰宇寉宗寯」。聯語一般，但上下聯都用同一部首絕非易事。鼓樓內的橫樑上刻著「福壽康寧，老安少懷，物華天寶，男康女泰」。橫匾上刻著「紅日東昇——井兄全體眾弟贈」。由此可以推斷，這兩套門匾也是贈匾。

2. 祝福匾

這類門匾多由寨子裡有學問的人撰寫，或用「金樓」「玉閣」「金梁」「玉柱」等字眼兒，表達對鼓樓的讚美，或用「國泰民安」「旭日東昇」「六畜興旺」等祝福語，表達對美好未來的嚮往；或用「俊良」「豪杰」「賢才」等詞語，表達對人才的渴求。

黃崗侗寨第一座鼓樓的四根橫樑上刻著「物華煥彩」「天寶呈祥」「山環水繞」「人杰地靈」；四根側樑上刻著「千秋偉業，萬古流芳」「旭日東昇，眾志成城」「風調雨順，國泰民安」「六畜興旺，富貴滿堂」。第二座鼓樓的四根橫樑上刻著「富貴雙全」「旭日東昇」「國泰民安」「人財兩旺」；

六根側樑上刻著「發民發富，六畜興旺」「千秋偉業，萬古流芳」「山環水繞，人杰地靈」「豎千年柱，架萬代梁」「旭日懸頂，紫微繞樑」「吉星高照，福地呈祥」。第三座鼓樓的四根橫樑上刻著「一代成就，永代生輝」「鶯歌燕舞，百花齊放」「人財兩旺，富貴雙生」「風調雨順，國泰民安」；頂樑上刻著「千秋偉業，萬古永恆」。第四座鼓樓是建造年代最早、規模最大的一座鼓樓，四根橫樑上刻著「旭日東昇」「人財兩旺」「眾志成城」「富貴雙成」；以橫樑的四個角為中心，各延伸出三根側梁，每三根側梁為一組，以中間那根為中心，共分為四組，分別刻著「棟起凌霄連北，堂開霱日對南山」（側），「豎千年柱，架萬代梁」（中）「四面來進貢，八方獻寶藏」（側）；「龍基萬伏地，基地有龍藏」（側），「百祥萬福，穆和嘉風」（中），「鳳舞雲呈祥，龍騰日有吉」（側）；「左有青龍繞，右有白虎幫」（側），「雅韻逸風，春陶美樂」（中），「豎柱彩霞飛，上樑喜鵲叫」（側）；「老少安日康，男女福中壽」（側），「錦繡富貴，美滿全榮」（中），還有一根側樑上的文字被煙熏得烏黑，難以辨認，而鼓樓的兩扇門上分別寫著「龍飛」「鳳舞」。

3. 紀念區

這類門匾多用於表達紀念追思之情，或用來標明地名。如地捫母寨鼓樓的對聯為「母逢天時福壽螽斯蟄蟄重修陸萬鼓，寨得地利康寧瓜瓞綿綿再疊九重樓」，將寨名用作上下聯的首字；堂安鼓樓的「塘坊壇塔址地塮，安宮寰宇窨宗驁」，亦是如此。

或用來表達對先祖的追思之情，如述洞的獨柱鼓樓，始建於明代，民國十一年（1922年）重建。為七重檐四角攢尖頂密檐塔式木構建築，正門朝南，內置兩個火塘，四周設靠欄長凳，六重檐處設有牛皮鼓一面。採用中國傳統木構建築「通心柱」結構，一柱擎天，如巨杉屹立寨中，再現了侗族鼓樓精湛的營造技藝和獨特的形制，被視為鼓樓雛形、鼓樓之宗。

相傳初建之日，一星久掛主柱上空，因此又名「現星樓」。

獨柱鼓樓的門匾有兩副，其中一副門匾為「不求楚館秦樓只宜睦族和鄉大觀在上，重興古閣仁裡仍需勤耕苦讀小住為佳」，橫匾為「明月清風」，

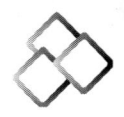

另一副門匾為「渤海養八龍但願兒孫螽斯蟄蟄，武陵鹹四知還期後嗣瓜瓞綿綿」。據寨中一位老者介紹，「渤海」「八龍」「武陵」「四知」分別對應著述洞侗寨最初的四房姓氏吳、徐、石、楊，而這兩副門匾既表達了對遷居述洞的先祖的追思之情，又表現了村民們不求飛黃騰達，只望子孫綿長的樸素願望。

再如肇興仁義禮智信五座鼓樓，分別由不同的房族出資修建，因此每座鼓樓前均設有功德坊，上刻鼓樓修建年代、捐資者、營造者等訊息。禮團鼓樓為嬴、滿、龍、鄧四家所建，是肇興的首座鼓樓，始建於17世紀，1982年重建。信團鼓樓為白、馬兩家所建，始建於18世紀，1982年重建。義團鼓樓為滿、嬴、袁、龍四家所建，始建於18世紀，1982年重建。仁團鼓樓也為袁、滿、龍、嬴四家所建，是肇興最後修建的一座鼓樓，始建於19世紀，1982年重建。這五座鼓樓的門匾上都題有對聯。禮團鼓樓的兩副門匾上寫的分別是「新建龍樓生赤杰，重設鳳閣出英雄」以及「古樹巍峨來龍玉水永映千秋俊杰，樓臺高聳毓秀鐘靈常臻萬代賢良」。義團鼓樓的前後以及側柱的門匾分別是「鼓樓重建山河美，玉柱復原侗寨新」；「紅日普照四化建設頻頻擂戰鼓，星光明亮十億中華步步上高樓」「龍樓凌碧宇玉水朝環長啟千秋英杰，鳳閣魁鬥宿銀橋栱顧永臻萬載賢良」，橫匾為「振興中華」。仁禮鼓樓的門匾是「高興賀華樓伸出龍頭望月，寨歡喜俊閣擺開鳳尾朝天」。智團鼓樓的門匾為「美彥俊杰智慧創造文明鼓，賢士英豪團結建設赤華樓」，橫匾為「振興中華」。在鼓樓的門樑上還掛著肇興歌隊所獲的各類錦旗。信團鼓樓的門匾為「鼓樂聲聲京城震動雄證當今盛世，樓閣巍巍侗鄉歡呼謳歌天下昇平」，其四根主橫樑上分別寫著「萬古流芳」「旭日東昇」「眾志成城」「國泰民安」。

三、「龍」「鳳」在侗族文化中的地位

下面，筆者再簡要論述一下「龍」「鳳」圖騰在侗族文化中的地位。在黎平侗寨的許多鼓樓中都會出現與龍有關的意象，如門匾上的龍字，四壁上繪的雙龍戲珠，內部陳列有龍的雕像等。如岩洞侗寨於2006年新建的鼓樓「興旺樓」，其門匾為「盛世時期豎高樓傳承侗鄉美景，國富民強立大廈弘

揚民族文化」，橫匾為「玉鳳金龍」。岩洞四洲寨鼓樓的門匾為「四洲龍潭倒映十三峰潛龍在天飛龍在地，上下玉水縱橫半裡許墨玉為體蒼玉為神」。

三龍是永從鄉的九龍村和中羅村的合稱，目前包括二十個自然寨，村寨周圍重巒疊嶂，古樹參天。九龍侗寨鼓樓的門匾為「四化建華樓聳立山村百福駢臻歸侗裡，九龍修玉閣榮光後裔千秋永固著鄉風」。九龍的花橋又被稱為「三百花橋」，建於民國十七年（1928 年），杉木卯榫結構，全長二十米，高五層。花橋頂部原本懸掛有一口鄰寨贈送的銅鐘，鐘口直徑一尺五寸，通體浮雕龍鳳。若村寨有事，即鳴鐘聚眾。可惜的是，銅鐘在「破四舊」中被毀，雕樑畫棟的花橋也受到極大的損壞，如今成為老人們乘涼避暑的場所。

而中羅村鼓樓有內外兩副門匾，外面的門匾是「山環古寨竹韻蟬音傳萬載，綠水繞村柳舒吉地秀千秋」，橫匾為「人文毓秀」；裡面的門匾是「鼓聲三咚催人民奮進，樓高百尺顯侗族才華」，橫匾為「龍飛鳳舞」。

地捫包括五個自然寨：母寨、芒寨、寅寨、維寨、模寨，共建有三座鼓樓，四座花橋，兩座戲臺。其中，千三鼓樓重建於 2007 年，其門匾是「巍巍鼓樓紫氣東來侗寨家家進財寶，亭亭花橋祥雲環繞山村戶戶出英杰」。母寨鼓樓重建於 1995 年，也有兩副門匾，裡面的門匾是「龍盤玉柱常生雄倬，鳳抱金梁迭產英賢」，橫匾為「鳳鳴剿閣」。寅寨鼓樓也是重建不久，門匾為「向陽寅寨紫氣東來美不勝收，古老村落樓閣民居鱗次櫛比」。

而龍與鳳的意象之所以在侗寨傳統建築中頻頻亮相，筆者推斷應當與以下幾個因素有關。

首先，與侗族的信仰習俗有關。侗族是一個信仰多神的民族，相信「萬物有靈」，龍鳳花鳥、山川河流、古樹巨石、橋樑水井等，都是其崇拜的對象。如三龍侗民就很崇拜古樹和巨石，除了逢年過節時，會在古樹或巨石前設案祭拜外，還有讓孩子認一棵古樹或一塊巨石為「保爺」的風俗。而黃崗侗寨的村民還告訴筆者，侗民很敬畏龍，可以畫龍，但是不能見龍，當地至今還流傳著見到龍就會被其抓走，再也無法見到家人和朋友的說法。

其次，與火災有關。侗族的傳統建築——吊腳樓、鼓樓、戲臺、花橋等，多由杉木建造，一旦遭受雷擊，極易引起火災。而一旦發生火災，火勢就會迅速蔓延，後果不堪設想，侗家人最怕的就是火災。而龍有噴水滅火的本領，因此，被侗家人雕刻在樑柱之上，畫進壁畫之中，嵌入門匾的聯語中，而黎平侗寨鼓樓門匾上多次出現的「龍樓」「龍潭」「玉水」等就是明證。此外，地捫侗寨還將寨中的兩座花橋命名為「雙龍橋」和「雙鳳橋」。其用意都在希望神龍能驅走火災，保護人畜平安。

最後，與漢文化的影響有關。筆者透過考察黎平的六個侗寨發現，那些年代久遠的鼓樓中並沒有出現龍鳳的裝飾圖案。如被稱為侗族「鼓樓之祖」的獨柱鼓樓始建於明代，民國十一年（1922年）重建，就沒有龍鳳的裝飾，出現龍鳳裝飾的鼓樓大都建於20世紀90年代以後。龍鳳在漢族人的心目中具有崇高的地位，作為裝飾也只能使用在皇家建築上，而鼓樓作為村寨的象徵和標誌，也在其上雕繪龍鳳圖案的做法，應是受到漢文化的影響。

四、戲臺和薩壇中的歌文化與薩文化

由於沒有自己的文字，侗歌和侗戲就成為侗族傳承文化、開展倫理道德教育、陶冶性情的重要形式，幾乎每個侗寨都有自己的歌隊和戲團隊，而鼓樓和戲臺就成為表演和欣賞侗歌和侗戲的主要場所。

侗族戲臺一般建在鼓樓附近，同鼓樓、廣場一起構成侗族村寨的公共活動空間。逢年過節時，戲臺上就會上演熱熱鬧鬧的侗戲，而平時則是存放桌椅板凳的倉庫。肇興禮團戲臺的對聯是「欲知世上觀臺上，不識今人觀古人」，它不僅指出了侗戲以侗民的日常生活為主要內容，還指出了其以古照今的作用。義團戲臺的對聯是「傳承文化遺產古韻一曲鬧春日，弘揚鄉風習俗今朝彈唱慶元宵」，點出了侗戲在傳承民族文化、弘揚良風美俗方面的重要作用。仁團戲臺的對聯只剩上聯「說書唱戲明勸人」，闡述了侗戲的教化功能。

貴州黔東南侗族文化調查研究
| 建築文化專題 |

　　堂安侗寨的戲臺上也有兩副對聯，分別是「聯合眾心平地一聲齊動雲，安堂聚友男歌女唱太平樓」；「琵琶弦引鍾情曲，侗歌聲潤世間人」，指出了侗戲的表演形式和伴奏樂器。

　　三龍侗寨是侗族大歌的發祥地，素有侗鄉「歌窩」「歌海」之稱。侗民中有句俗話「撿得完河邊的石頭，唱不完三龍的歌」，一語道出了三龍侗歌在侗族地區的地位。三龍戲臺的門匾上寫著「樓前管樂齊鳴山搖地動，臺上英姿颯爽鳳舞龍飛」，描繪了戲團隊在戲臺上表演侗戲的熱鬧場景。

　　「薩」是侗族人民共同信仰的女性始祖，也是侗族人民的保護神。關於其歷史淵源，不僅侗族內部流傳著不同的說法，學界也尚未形成一致意見。或認為她是象徵性的「墓葬」；或認為她是帶領侗族先民遷徙的部落首領；或認為她是傳說中的神話人物；或認為她是帶領人民反抗壓迫的民族英雄。

　　由於每個侗寨都建有專門供奉「薩」的薩壇，薩壇的門匾就成為研究「薩」文化的重要史料。肇興侗寨有兩處薩壇，智團鼓樓附近的薩壇的門匾為「聖母威靈用庇吾方樂土，社稷安泰全蒙汝佑黎疆」，將「薩」視為侗族的保護神。信團鼓樓後山上的社稷壇的門匾為「秋雨秋風女豪杰為國殉難，新元新紀人民且立祠昭忠」，則將「薩」視為保護侗族人民的女英雄。堂安侗寨薩壇的門匾是「薩歲管村人畜旺，聖母治寨經濟興」，又將「薩」視為掌管村寨事務的部落首領。

音樂文化專題

黔東南州侗族大歌研究

劉思怡

摘要：本文主要以侗族文化中最絢爛的瑰寶——侗族大歌為研究對象，在實地調研的基礎上，簡要分析了侗族大歌的內涵與起源、分類與功能、傳承與保護、困境與出路。在筆者看來，隨著原有的、相對封閉的社會文化體系被打破，侗族大歌在逐步走向國際的同時，也遇到了外來文化的衝擊和挑戰，只有積極推動侗族大歌的產業開發，才能使侗族大歌走出當前的困境。

關鍵詞：侗族大歌　鼓樓　傳承　發展

侗歌是侗族一門古老的歌唱藝術，被世界音樂界認為「中國的多部和聲藝術」「復調音樂」，而所有侗歌中，又以侗族大歌最具特色，被稱為侗族的三大瑰寶之一。以前，侗族大歌僅限於在侗寨的鼓樓中進行演唱，隨著改革開放的深入，侗族大歌已經走出了侗寨，並作為侗族的一個文化符號，登上了世界的大舞臺。1986年，在法國巴黎金秋藝術節上，三龍侗寨的吳玉蓮等九位侗族姑娘表演了侗族大歌，結果技驚四座，被西方音樂界譽為「清泉般閃光的音樂，掠過古夢邊緣的旋律」。

一、侗族大歌的內涵與起源

侗族大歌在侗語中稱為「嘎老」，「嘎」是歌的意思，「老」有宏大和古老之意。「嘎老」的意思就是從很久以前流傳下來的歌曲，以眾低獨高、復調式多聲部合唱為主要演唱方式，至少六人以上的歌班才能演唱。在侗族地區，幾乎每個侗寨都有歌班，有的侗寨多達十來支歌班。

侗族大歌是純人聲合唱的，聲音純淨，感情細膩，只有領唱，而無指揮。領唱者的服裝與一般演唱者相同，只是一般坐在隊伍的正中間。需要指出的是，侗族大歌大多不用樂器伴奏，只是敘事歌偶爾會用到大琵琶，愛情歌偶爾會用到小琵琶。樂器都是由男生彈奏的。

貴州黔東南侗族文化調查研究
| 音樂文化專題 |

　　侗族一直沒有形成自己的文字，只能透過口耳相傳的形式來學習和傳承侗族大歌，缺乏有關侗族大歌的民族文獻。在漢族文獻中，最早有關侗族大歌的記載出現於明人鄺露的《赤雅》：侗族「善音樂，彈胡琴，吹六管（即蘆笙），長歌閉目，頓首搖足，為混沌舞」。有學者據此推斷，侗族大歌在明代之前就已盛行。筆者並不同意這種說法，因為《赤雅》的這段文字只是描述了侗家人在胡琴、蘆笙等樂器的伴奏下，一邊跳舞一邊演唱普通侗歌的景象，並沒有提及侗族大歌最主要的特點——多聲部合唱。而今天的侗族大歌既無樂器伴奏，都是純人聲演唱，更不會邊唱邊舞，即是明證。

圖1　女聲部侗族大歌

　　關於侗族大歌究竟起源於何時何地，侗族內部也存在著不同的說法，侗族南部方言區普遍流行的一種說法是「四也傳歌」：

　　相傳兩百多年前，有一位名叫「四也」的青年歌手，用扁擔挑著一擔沉甸甸的歌本從廣西柳州走到貴州黔東南，一路走街串巷一路傳歌。當他走到黎平三龍侗寨的一座木橋上時，狂風大作、暴雨傾盆，肩上的扁擔突然斷裂，許多歌本都掉進了河裡。三龍侗寨的寨民吳傳龍正好在河中捕魚，便將四也散落河中的歌本全部撈起，自己學會以後，每天在侗寨鼓樓裡傳授大歌。還有一種說法是，當地侗民見四也的歌本散落河中，便紛紛下河撈書曬書，四

也深受感動，於是決定留在三龍侗寨傳歌。從此，侗族大歌便從三龍侗寨向四周侗寨傳唱開來，而四也和吳傳龍則被視為侗族大歌的傳人，受到侗族人民的崇敬。清乾隆年間，三龍侗寨的侗家人為了紀念吳傳龍，還為他修墓立碑，以供後人祭拜瞻仰。

二、侗族大歌的分類

侗族大歌的分類，在不同的侗區有所不同，一般可按其風格、旋律、內容、演唱方式分為五類：即敘事大歌、鼓樓大歌、聲音大歌、禮俗大歌和兒童大歌。下面，筆者將分別對這四類大歌展開論述。

1. 敘事大歌

敘事大歌以展開故事情節和人物對話為主要內容，歌詞較長，有的歌曲甚至一個小時才能唱完，要求歌者具有驚人的記憶和豐富的表演才能。這類大歌或是記敘侗族的起源和先民的事跡，或是述說美麗淒婉的民間故事，或是講述具有教育意義的小故事等。如《珠郎娘美》講述的便是兩個侗族青年男女——「珠郎」「娘美」之間淒美的愛情故事，故事情節與《孔雀東南飛》頗為相似。

2. 鼓樓大歌

鼓樓是侗寨的象徵和標誌，鼓樓大歌是指只能在鼓樓演唱的大歌。這類歌曲的內容以歌頌愛情為主，多採用男女歌隊對唱的形式，以套為單位演唱。一般來說，一套鼓樓大歌包括三首情歌。侗族的情歌非常含蓄，常從比喻開始。如以樹和藤為喻：「藤纏樹就好比我和你，但是我越糾纏你，你卻越不喜歡我。」這種表現手法很像《詩經》中的比興手法，先言他物，繼而引出歌者想要表達的內心情感。

此外，侗族情歌的套路也「別出心裁」，一般都是先誇對方，繼而貶低自己。在演唱方式方面，通常都是男方先起頭合唱一首，女方接著回應一首，如此往復三回合，組成一套完整的情歌。在第一回合的對歌中，男方會誇女方美麗動人，自己配不上對方；而女方則會誇男方勤勞樸實，而自己則十分笨拙，不善做家務。在第二回合的對歌中，男方先是勸說：「我們都從陰間

過來，兩眼抹黑，地位平等，田地山林都是一樣的，沒有高低貴賤之分。」女方則回唱道：「我們的命都一樣，只要我們兩人在一起，我們的日子就會慢慢變好，我們以後會過得很幸福。」經過了前兩個回合的互吐衷腸，第三回合自然就水到渠成地喜結連理了。這種建立在雙方平等、互相尊重基礎上的愛情觀，充分體現了侗族人民平等待人、和睦共處的民族意識。

3. 聲音大歌

侗族是一個既崇尚自然，又善於發現自然之美的民族，擅長模仿各種動物的鳴叫聲，並把它們編成歌曲，《蟬之歌》便是侗族人民透過模仿蟬在不同季節的鳴叫聲所編成的歌曲，夏天的蟬鳴聲熱情而又活躍，因而模仿夏蟬的曲調便歡快且短促；秋天的蟬鳴聲十分悠長，因而模仿秋蟬的旋律哀婉且綿長。除了模仿蟬鳴以外，侗族人民還善於透過模仿山羊、小鳥等動物的聲音，創作出生動悅耳的侗族大歌。

4. 禮俗大歌

禮俗大歌是在各種禮俗場合演唱的多聲部侗族大歌的總稱，它們都有各自的演唱場合。如「開嗓歌」是歌隊進入鼓樓時演唱的，用來幫助開嗓的歌曲；「攔路歌」和「開路歌」是主客雙方歌隊，在村口隔著攔路的障礙物演唱的對歌；「酒歌」是宴席上，歌隊向主人或客人敬酒時唱的歌曲；「踩堂歌」是男女老少在鼓樓坪或曬坪手拉手圍成一個大圈，邊轉邊唱的歌曲。而逢年過節祭拜「薩」或祖先時，也要演唱侗族大歌。如黎平縣雙江鄉黃崗村在每年六月十五的喊天節上，舉行喊天求雨的儀式時，全體村民便會一起唱侗族大歌；而祭「薩」的時候，侗家人也會唱起侗族大歌。總而言之，禮俗大歌反映了侗家人熱情好客、崇奉「薩」、敬畏祖先的感情。

5. 兒童大歌

除了男女青年唱的情歌、具有教育意義的倫理道德歌、迎來送往的禮俗歌，還有專門給小孩子們唱的兒歌。相對於其他類型的大歌而言，這類歌曲一般短小精悍，旋律明快活潑，歌詞朗朗上口，內容富有童趣。如《捉迷藏》《小山羊》《捉螃蟹》等歌曲，就描寫了侗家孩子們盡情玩樂的場景。由於

侗族沒有自己的文字，孩子們正是從這些兒童大歌中學習到為人處世的道理、民族的悠久歷史和傳統文化。

三、侗族大歌的功能

1. 社交功能

苗族的男青年主要是以跳舞的方式來吸引異性的注意，而侗族的男青年則主要是透過唱歌的方式來表達自己的情感。

侗族有一句俗話，「飯養身子，歌養心」。對於侗族人民而言，侗族大歌是他們的良師益友，是他們傳承傳統文化的主要方式，教會了他們如何為人處世，如何陶冶情操，如何培養正確的倫理道德觀，如何更好地生產與生活。毫不誇張地說，在侗族地區，不會唱歌的侗族小夥子根本就找不到媳婦兒。忙碌了一天之後，每當夜幕降臨時，寨子裡的男女青年便自發組成男女歌隊，坐在鼓樓裡唱對歌，侗家小夥子若是不會唱侗歌，姑娘們都不會看他一眼，更遑論和他交流了。

侗寨的孩子們一般會在五六歲時，利用課餘時間去歌師家學歌。關於學習侗族大歌的時間，侗族人民還有一個說法：夏天時，蛙鳴聲特別大，要是此時學歌的話，歌就會被青蛙給學走，自己什麼也學不到。因此，要等到青蛙冬眠的冬季，才能學唱大歌。

侗家人熱情好客，每逢大年初一時，相鄰的侗寨便會互相串寨子，大家聚集到鼓樓，以村寨為單位，面對面地坐在長凳上，常常對上一天一夜的歌。這便是侗家人特有的「行歌坐夜」的傳統。這一風俗既給各個侗寨提供了交流侗歌的機會，也加強了各個侗寨之間的聯繫。

2. 教化功能

從侗族大歌需要幾個甚至十幾個人組成一支歌隊，並且往往以對歌的形式進行演唱的特點便能看出，侗族是一個十分注重族內生活的團結與和諧的民族。對於沒有自己本族文字的侗族而言，口傳的語言、歌曲對於侗族人民

的重要程度可想而知，我們也不難想像在侗族歌曲中所蘊含的民族文化、倫理道德內容之多。

侗族大歌中，有不少帶有教化功能的歌曲。其中，有老一輩用來教育晚輩尊重長輩、孝敬老人的《倫理道德歌》，有用來協調夫妻感情的《夫妻團結歌》，有用來教育兒童學習倫理道德的兒童歌曲等。而侗族的傳統文化、民風民俗、倫理制度等，也透過侗族大歌的形式得以傳承保存下來。

3. 傳承功能

在採訪黎平縣岩洞鎮的一位歌師時，筆者便有幸聽其演唱了一首關於族外男女通婚的敘事大歌。這首歌的大致內容如下：

有一個年輕貌美的侗族婦人，因與丈夫發生激烈爭吵負氣出走，在回娘家的路上，遇見一個有著千年道行的蟒蛇精，蟒蛇精見那婦人生得貌美，便施法將她擄到自己位於河底的寨子，一起生活了兩三年之久，並讓她為自己生兒育女。這兩三年中，婦人整日以淚洗面，而其雙親也四處找尋女兒。蟒蛇精於心不忍，便將婦人送出河面。那婦人被一個在河中捕魚的老人救出後，平安回到娘家。婦人的雙親得知女兒的遭遇後，便氣沖沖地帶著鄉親們一起去找蟒蛇精理論。蟒蛇精卻矢口否認自己的所作所為，婦人的雙親便說道：「我現在就放火燒了這條河，如果河水未乾，就證明你說的都是真的；如果河水被燒乾了，就證明你在說謊。」結果河水被燒乾了，村民們便合力打死了蟒蛇精。

這個故事其實反映了侗族內部的通婚制度。侗族有兩個姓──內姓和外姓，外姓是某一侗寨對外所稱的姓氏，如肇興侗寨對外統一姓陸，岩洞侗寨對外統一姓吳，而侗寨內部卻仍保留著不同的房族，內姓便是指各個房族的族姓。侗族一般實行民族內婚、家族或房族外婚，只有不同內姓的同族男女，才可以結婚。而造成那位侗族婦人悲劇的根源，就在於與她一起生活了三年之久的蟒蛇精是外族人，這個故事也用來警告侗族的青年男女，千萬不要與外族人結婚。

四、侗族大歌的傳承與保護

2009 年，侗族大歌被聯合國列入「人類非物質文化遺產代表作名錄」，筆者調研走訪的黎平縣即是一個非遺大縣，當地人民對於侗族大歌的傳承與保護工作正開展得如火如荼：

1. 保護和發展侗族大歌傳承人

黎平地區共有三十五位州級以上的侗族大歌傳承人，其中五位國家級非遺傳承人，十三位省級非遺傳承人，十七位州級非遺傳承人，而縣級非遺傳承人則多達四百七十三人。這些侗族大歌的傳承人，除了在村寨裡傳授侗族大歌外，還常常走出侗寨，去全國各地甚至世界各地表演侗族大歌。

2. 設立「侗族大歌傳習（承）室」

除了保護和發展侗族大歌傳承人外，很多侗寨都設立了「侗族大歌傳習（承）室」。與寨子裡的鼓樓相比，這些「侗族大歌傳習（承）室」的外部造型和內部裝飾更加現代化，牆上掛滿了介紹侗族大歌的壁畫和文字，並配置了現代化的多媒體設備，既為侗族大歌的傳承和保護提供了場所和設施，也向外來遊客展示了侗族大歌的相關訊息。

圖2　九龍村侗族大歌傳承室

有著「侗族歌窩」之稱的三龍侗寨，既是「四也」開始傳歌的地方，也是貴州省侗族大歌傳承保護發展示範村之一，在侗族大歌的保護與傳承方面可謂碩果纍纍，除培養了近二十位國家級、省級、州級侗族大歌傳承人以外，還設立了「九龍侗族大歌傳承（習）室」，大力培養侗族大歌傳承的新生力量，為侗族大歌走出大山、走向全國、走向世界奠定了堅實的人才基礎。

3. 整理和出版相關成果

為了全方位、多角度、多媒介地記錄和保存侗族大歌，黎平縣文體、廣電、旅遊等部門相繼整理出版了有關侗族大歌的書籍，拍攝了一系列有關侗族大歌的紀錄片。如出版了「非遺系列叢書」《侗族大歌》《教你唱侗歌》等，錄製了許多侗族大歌的音頻光盤。

圖 3　黎平縣文廣局出品的侗族大歌音頻光盤

從 2013 年開始，黎平縣啟動了「侗族大歌」的採集與數據庫建設工作，組織相關人員赴黃崗、肇興、堂安、三龍等地採集數據，目前已初步建成了侗族大歌及其傳承人的數據庫。

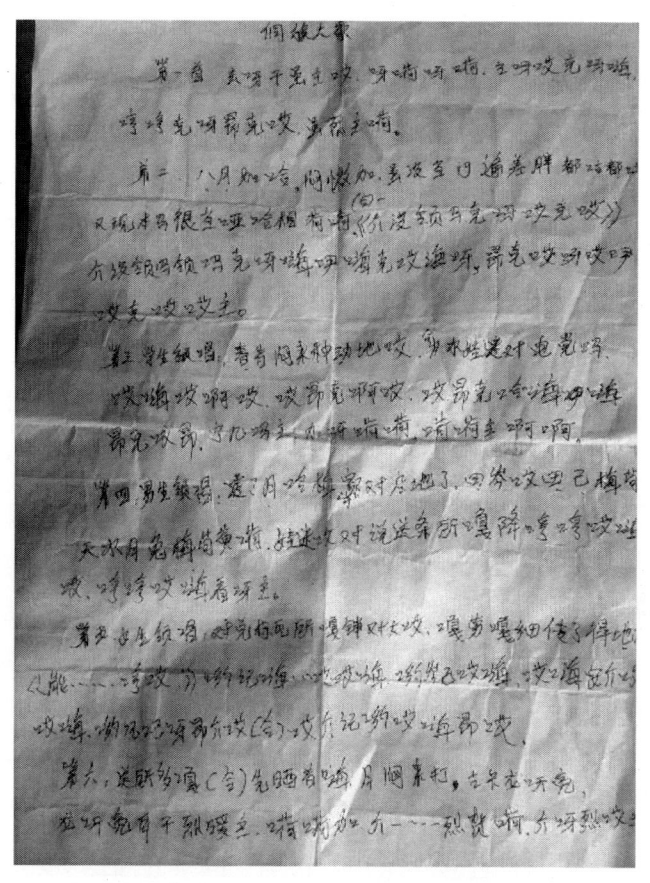

圖4　用諧音漢字來記錄的侗族大歌歌詞

4. 把侗族大歌引入校園教育

除了上述幾個方面外，學校教育在侗族大歌的傳承與保護中也造成了非常重要的作用。在筆者調查走訪的黎平侗區，各級各類學校都在課程體系中加入了「侗族大歌」這門課程。一般來說，侗族的孩子們從五六歲開始學習侗族大歌。而在侗族大歌沒有正式進入學校之前，孩子們只能利用課餘時間，去歌師家學習侗族大歌。由於侗族沒有形成自己的文字，只會說侗語，而不會寫，因此只有透過言傳身教的方式來學習侗族大歌。隨著侗族大歌成為學校的正規課程，孩子們學習侗族大歌的時間和方式也發生了改變。在學習時

間方面，每星期安排一到兩節的課時；在學習方式方面，借用諧音漢字來記錄侗族大歌的歌詞，大大方便了孩子們的學習，激發了孩子們的學習熱情。

五、侗族大歌的發展現狀及面臨的挑戰

儘管在社會各界的共同努力下，侗族大歌的傳承和保護工作取得了巨大的進展，但其仍面臨著以下幾個方面的嚴峻挑戰。

1. 外來文化的衝擊

借用諧音漢字來記錄侗族大歌歌詞的方法，在便利孩子們學習侗族大歌的同時，也會造成孩子們在學習時，只是刻意去記憶漢字，而忽視對於歌詞大意的理解。

侗族大歌的國家級傳承人吳品仙就不無遺憾地對筆者說：「儘管侗族大歌已經列入學校的音樂課程，但總體來說，學校教得沒有歌師教得好，為什麼這麼說呢？以侗族大歌中出現頻率極高的歌詞『nia lai』為例，歌師不僅用原汁原味的侗語教唱，還會逐句講解歌詞的含義；而學校裡的教師往往只用諧音漢字『你好』來標註，用這種方式教授出來的侗族大歌早已變味兒了。」

此外，侗族大歌也面臨著現代化、市場化的全面衝擊。為了更好地與時代接軌，迎合市場的需要，侗族大歌不僅吸收了一些現代的演唱技巧，而且加入了現代樂器的伴奏，使侗族大歌獨特的藝術魅力大打折扣。

2. 當代侗族青年缺乏學習侗族大歌的熱情

在物質生活比較匱乏的年代，侗家人在忙碌了一天之後，晚上都會自發地聚集到鼓樓中，或表演侗族大歌，或欣賞侗族大歌，或學習侗族大歌。而如今的年輕人們，有了更多的休閒方式，學習侗族大歌的熱情已大不如前了。

對於這個問題，侗族大歌的國家級傳承人吳品仙深有感觸地說：「在商品經濟和外來文化的雙重衝擊下，現在的年輕人對於侗族大歌所講述的故事與歌曲本身的魅力已經不感興趣了，既沒有傳承和保護侗族大歌的概念和意識，也不願意跟著歌師專心學習侗族大歌，而是紛紛外出務工求學了。這些

年輕人只有過年時才回來,又忙著走親訪友,學習侗族大歌的時間非常有限。講一句老實話,我作為國家級傳承人,感覺肩上的擔子非常重。過去,我們從五六歲開始學唱侗族大歌,自娛娛人,而現在的孩子們有手機,有電視,有電腦,這些東西的誘惑力要比侗族大歌大得多。」

3. 侗族大歌傳統曲目和歌師人才的流失

老一輩的歌師,其侗族大歌的儲備量都多達幾百首,因此才能夠「行歌坐夜」,唱上三天三夜都唱不完。而年輕一輩的歌師當中,侗族大歌的儲備量能達到一百首者,已經屈指可數了。隨著老一輩歌師的離去,還將會有越來越多的侗族大歌傳統曲目消失不見。因此,我們必須加強對侗族大歌傳統曲目的收集整理工作,利用圖書、多媒體等手段,儘量搶救這些寶貴而又瀕臨消失的民族文化遺產。

此外,侗族大歌也面臨著專業人才緊缺的問題。由於侗族大歌是靠口耳相傳,靠大腦的記憶力保存,又靠記憶力和口授傳給後人的,因此要學正宗的侗族大歌,去歌師家拜師學藝是唯一的途徑。而只有在歌師的專業指導下,學習者才能掌握其中的要領與精髓。如侗族大歌在全曲結束的時候,演唱者都會以一句「ei giu」收尾。筆者在欣賞了黃崗侗寨和三龍侗寨的幾場侗族大歌表演後注意到,有些歌隊在唱「ei giu」前,會停頓一拍(此為正確的唱法),而有的歌隊則將「ei giu」和其前面的歌詞連起來一起唱。筆者透過調查採訪得知,造成這種錯誤唱法的原因,或是由於歌師教得不夠專業,或是由於學藝者偷懶所致。

吳品仙所在的九龍村曾經有過九個歌隊,成員最多時有三百人之多,而且都是她指點過的弟子。如今,隨著村裡的青壯年都外出務工求學了,歌隊的成員越來越少,且都是五十歲以上的中老年人。黔東南地區的其他侗寨也是如此,侗族大歌正面臨著後繼乏人的困境。

因此,我們除了要重視對歌師人才的保護和培養外,在學校的音樂教育中,務必讓經驗豐富的本土歌師教唱原汁原味的侗族大歌,讓孩子們在學習侗族大歌的同時,也領悟到侗族大歌中蘊藏的民族精神和傳統文化,從而讓以侗族大歌為代表的傳統文化代代傳承下去。

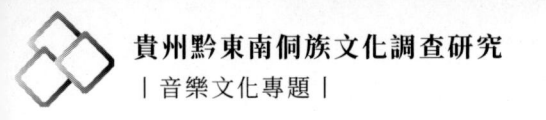

六、結語

透過在黔東南州侗寨的實地調研，筆者不僅聆聽到了侗族大歌那「清泉般閃光的聲音」，也切身感受到了當地民眾對於侗族大歌的深厚感情。在現代化的根須尚未延伸到侗寨以前，侗族大歌是侗族人民傳承文化、交流情感、自娛娛人的重要工具，甚至達到了「不學歌，無以言」的境地。隨著電視電腦互聯網的普及，尤其是手機成為人們日常生活的必備品之後，現在的侗族青年往往透過手機上的各種社交軟件來溝通交流、談情說愛，逐步喪失了學習侗族大歌的興趣和熱情。隨著侗族大歌「溝通交流、表達情感」這一核心功能的喪失，其存在的意義和傳承的價值已經大不如前了。

侗族大歌除了面臨著嚴峻的傳承危機外，在外來文化和商業利益的衝擊排擠下，融入了一些樂器伴奏和舞美手段，逐漸流於形式化、表演化，喪失了其獨特的藝術魅力和文化內涵。因此，筆者希望侗族大歌這一原生態民歌在保有其藝術品質的前提下，在世界舞臺上綻放出越來越耀眼的光芒。

音樂、習俗與教化——以黎平侗族為例解讀音樂的多元價值

趙雅鑫

摘要：音樂作為一種特殊的文化元素，與一個民族的獨特風俗息息相關，在娛樂休閒、社會治理、人際交往以及人格塑造等方面發揮著重要作用。對於以「飯養身，歌養心」的侗族來說，音樂與風俗、教化的關係更為緊密。本文透過實地考察黎平侗族地區的音樂文化和民風民俗，闡述了侗族大歌在侗族人民生活和生命中的重要作用，以及在傳承民族文化、倡導良風美俗、進行道德教化等方面的重要作用。同時指出，在社會變遷和外來文化的雙重衝擊下，侗族大歌作為侗族的三大瑰寶之一，其生存狀態和發展前景都不容樂觀，急需加強保護。

關鍵詞：侗族　音樂　教化　習俗

一、音樂的不可或缺性

關於音樂的起源，學術界眾說紛紜，目前還沒有形成一個統一的認識。結合本文主旨，筆者贊同模仿說和語言抑揚說的混合起源。一些史學家認為，音樂起源於人類渴望模仿悅耳的自然之聲，而自然的鳥鳴、蟬鳴、流水等構成了最初始的音樂元素。盧梭則認為：「一種語言可以表達觀念，但為了表達情感和想像，它還需要節奏和聲音的抑揚頓挫，也即需要旋律。」在他看來，音樂旋律也是一種語言，可以表達人們的喜怒哀樂等各種感情。由於侗族沒有形成自己的文字，不像「漢人有字傳書本，侗族無字傳歌聲；祖輩傳唱到父輩，父輩傳唱到兒孫」。因此，對於世代居住在大山深處的侗族人民來說，音樂就是他們自娛娛人、人際交往、傳承文化必不可少的重要方式，甚至到了「不學歌，無以言」的地步。

此外，音樂是人類為滿足聽覺感性需要與表現內心感受需要，按照「美的規律」創造的豐富而有序的聲音組合體。而對於以「飯養身，歌養心」的侗族人民來說，音樂是來自內心深處的吶喊，具有淨化心靈、陶冶情操、倡導良風美俗、進行道德教化等諸多功能。

二、以歌載道，以歌養心

中國古代著名的教育家孔子曾說過：「興於詩，立於禮，成於樂。」這句話也奠定了音樂在教育方面的根基作用。總的來說，音樂的教化功能主要表現在以下兩個方面：一是在集體交往中，音樂是緩解衝突、建立良好人際關係的重要手段；二是在閒暇時，音樂是放鬆身心、怡情養性、自娛娛人的重要方式。

侗族是一個愛歌、善歌的民族，侗歌是侗民族內部溝通交流、傳情達意的主要工具，他們以歌代言、以歌傳情、以歌記事，音樂不但融入他們的生活與生命之中，也早已與侗族社會的風俗習慣和傳統文化融為一體。

一方面，在傳統的侗族社會中，青年人在「行歌坐月」的過程中，從相識到相知相愛；在迎親歌、敬酒歌的歌聲中步入婚姻殿堂。而侗族最重要的

傳統建築——鼓樓除了具有聚眾議事的功能之外，還是演唱、欣賞、傳承侗歌的主要場所。

另一方面，侗家的孩子們也是在歌隊中學習和成長的。在侗族的傳統社會中，孩子們到了五六歲的年紀，就開始跟著歌隊中年長的歌師學習侗族兒歌，學習村寨祭儀、族群慶典、交友酬情等。以至於一個人如果不會唱侗歌，就無法在自己的族群中生存。除了侗歌外，侗族人民還擅長演奏樂器，如簫、笛、嗩吶、琵琶等。而每逢重要的傳統節日，鼓樓對面的戲臺上還會表演精彩紛呈的侗戲。

而被聯合國教科文組織列入「人類非物質文化遺產代表作名錄」的侗族大歌，除了具有溝通交流、傳情達意、引導教化、自娛娛人的傳統功能外，還具有極高的藝術欣賞價值，已成為原生態民歌最後傳承的「活化石」。

三、音樂的政治教化功能

中國著名音樂家蕭友梅說過：「將來的世界，一定是以精神的文化為基礎的世界。精神的文化的推進，就基於高尚的藝術；高尚藝術的精髓，便是音樂，音樂的進化與否，實在是有關國家興亡的問題。」由此可見，音樂在培養集體意識、增強民族凝聚力、進行政治教化等方面，也有著不可替代的作用。

侗族以歌代言、以歌傳情、以歌記事的傳統，賦予音樂以道德性和政治教化的作用。在傳統的侗族社會，各村寨之間透過「行歌坐月」、鬥牛比賽等民俗活動增進情感，加強交往，從而為化解矛盾糾紛，維護農村社會的和諧穩定，營造了良好的社會氛圍。

四、侗歌的現狀：傳承與破壞

旅日作家小野在《自律力》中指出：「現在這個社會是一個多元競爭的社會，想要在這個社會站穩腳跟，擁有一席之地，我們需要不斷精進自己，而且是全方位地精進。」而隨著音樂在藝術、環境、療養等領域中的重要性

日益凸顯，進一步發掘民間音樂和傳統音樂的精髓就成為音樂工作者的當務之急。

　　遺憾的是，在商品經濟、現代文化及外來文化的衝擊下，以侗族大歌為代表的侗族音樂正面臨著後繼乏人、瀕臨失傳的尷尬境地。在筆者調查走訪的黎平地區，許多傳統侗寨都被開發為旅遊景區。旅遊業在促進當地經濟發展的同時，也造成了當地傳統文化的日益衰竭，侗歌、侗戲等傳統音樂也喪失了其原有的藝術魅力和民族特色，日益走向形式化、舞臺化、商品化。

　　需要指出的是，侗歌在人際交往方面的功能，雖然可以被現代通信工具所取代，但是其所蘊含的文化特質和藝術魅力卻是無可替代的，而只有賡續傳統文化的精髓，才能將侗族大歌這一震驚世界的藝術瑰寶更好地傳承下去。

飲食服飾專題

淺談侗族「稻—魚—鴨」共生系統及其傳統飲食文化——以貴州黎平縣侗族為例

任康英

摘要：飲食是一個民族特有的文化符號，它記錄了一個民族的歷史與文化變遷，濃縮了一個民族的歷史發展進程。本文擬以黎平侗族獨特的「稻—魚—鴨」共生系統為切入點，運用實地調查、口述史訪談的方法，對黎平侗族的傳統飲食文化進行全面而深入的探討。

關鍵詞：「稻—魚—鴨」共生系統　飲食文化　變遷與現狀

飲食是一個民族特有的文化符號，它記錄了一個民族的歷史與文化變遷，濃縮了一個民族的歷史發展進程。而不同的民族和國家創造了不同的飲食文化，所以飲食文化具有濃郁的民族特色和地方特色。侗族是中國五十六個民族大家庭中的一員，是古代百越族後裔，主要聚居在貴州、廣西、湖南三省交界的地區，其中貴州黎平縣的侗族人數最多，侗族文化保存最完整。而世居黎平的侗族人民充分利用當地的自然環境，孕育出了獨特的「稻—魚—鴨」共生的稻作文化。本文擬以黎平侗族獨特的「稻—魚—鴨」共生系統為切入點，運用實地調查、口述史訪談的方法，對黎平侗族的傳統飲食文化進行全面而深入的探討。

一、「稻—魚—鴨」共生系統

黎平縣隸屬於貴州省黔東南苗族侗族自治州，是中國最典型的侗鄉，被譽為「天下侗鄉第一縣」。據《黎平縣誌》載：黎平「地勢西北高，東南低，處於雲貴高原向湖南、廣西丘陵過渡地段，形成由西北向東傾斜的地形。全境多山……屬中亞熱帶季風濕潤氣候區，四季分明」。[71] 全縣面積4441平方公里，其中耕田占6.1%，水面占0.97%，故有「九山半水半分田」之說。

貴州黔東南侗族文化調查研究
| 飲食服飾專題 |

　　黎平侗族的「稻—魚—鴨」共生系統的淵源，可以追溯到其先民百越人的火耕水耨。[72] 火耕水耨是一種古老而原始的耕作方式，其具體流程是：在春耕開始前，先用火將空地上的雜草燒掉，開闢一處田地，然後在春天播種，待禾苗長至七八寸高，再放水入田淹死周邊野草，使之腐爛成為肥料，以助秧苗成長。這種耕作方式要求農田必須濱水，且產量不高，無法滿足日益增長的人口對糧食的需求。因此，古越族在向西南山區遷徙的過程中，不斷吸收古苗族、古瑤族等其他民族的耕作技術，其生計方式也由火耕水耨轉化為山地式耕作。

　　根據當地流傳的有關民族遷徙的侗歌來看，侗族地區的稻田養魚已有上千年的歷史了。而《黎平府志》中也詳細記載了稻田養魚的方法：「鯉為魚王，無大小背旁鱗三十又六……清明節從佳。鯉生卵附水草上，取出別盆淺水中，置於樹下漏陽曝之，三五日即出子，謂之魚花。在肥田者一年內可重四五兩。」[73] 至於稻田養鴨，雖無確切的文獻記載，但黎平侗族卻創造了一套科學完整的「稻—魚—鴨」共生模式。其大致流程如下：

　　每年穀雨前後，寨子裡的人就會請村裡的「鬼師」擇一個吉日，開始播種育苗。由於各個村寨稻田的水土不同，糯禾的品種也就不一樣。黃崗侗寨的村幹部告訴筆者，以前，村子裡只種最普通、最不挑地的禾稻。後來，一位叫「列九」的人來到寨子，帶來了一種新的糯禾品種，不但味道香甜，產量還很大，村民們紛紛改種。為了紀念「列九」，村民們便將他帶來的糯禾命名為「列九」。此外，村子裡還種植有另外一種糯禾——「斤六」。因其傳入侗寨的時候，只有一斤六兩而得名。但無論是什麼品種的糯禾，都要等秧苗長到七八寸高時，才能注水灌田。在將秧苗插入稻田的同時放入魚苗，一畝稻田只能放二十至四十條魚苗。魚苗放太多，會影響秧苗的生長；而放太少，就起不到鬆動田泥的作用。等到農曆的三月下旬或四月上旬，再放入鴨苗。之所以選擇這個時候，一是因為此時的秧苗已經長成，剛出生不久的鴨苗不會損壞禾苗；二是到「六月六」嘗新節時，正是鴨子肥美的時候，是招待客人必不可少的美食。

「稻—魚—鴨」共生模式主要透過合理利用三者的生長週期和習性，達到降低農藥用量、保護生態環境、提高稻魚鴨產量和品質的目的。魚類和鴨主要以水中的昆蟲和雜草為食，不僅養肥了自身，還消滅了水稻害蟲，去除了雜草。此外，魚和鴨的排泄物還是水稻上好的有機肥料，它們的四處游動又可造成翻鬆田泥、增加水中氧氣含量的作用。而水稻引來的各種昆蟲又為魚和鴨提供了豐富的食物，三者構成了一個生生不息、自我完善的食物鏈模式。

二、「稻—魚—鴨」共生系統與侗族傳統飲食的關係

侗族人民合理利用當地的自然條件，發揮聰明才智創造出「稻—魚—鴨」這樣一個完美的共生系統，根據糯稻、鯉魚、鴨子的不同生長規律和習性，讓原本風馬牛不相及的三種生物構成了一個生生不息、自我完善的食物鏈模式，該食物鏈也造就了侗族地區獨特的傳統飲食結構。

1. 糯食

黎平地區多山，當地居民只能隨山勢地形變化開墾梯田。由於梯田離家較遠，為了節省時間，村民們一般都在早上就把午飯蒸好帶到田間地頭。最初，侗族人民以籼米為主食，籼米飯雖好吃，但不易攜帶，且消化快。糯米飯以黏性大且不易消化的優勢，逐漸成為侗族人民的主食。

侗族人民對糯食可謂情有獨鍾，不僅把它當作一日三餐的主食，還常把「無糯米不成敬意」掛在嘴邊，用糯米做成各種美食，廣泛應用於各種民俗活動之中。

侗家人有句俗話：「拜年，拜年，粑粑上前。」這句話說的是侗族地區的過年習俗「打粑粑」。侗年的第一天，村民們都會聚在一起，老人燒灶火蒸糯米，男人掄木錘，女人捏糍粑。糍粑的具體做法是：先將蒸好的糯米飯倒入特製的木桶，用木錘反覆捶打，直到糯米飯變得綿軟柔韌，然後用醮過水的手抓取適量糯米飯，將其放入撒有炒黃豆粉和白糖的盤裡，一起搖晃均勻後即可食用。糍粑熱的時候，軟糯香甜；冷卻後就變得堅硬，放至通風乾燥處可儲存半年之久。若先將糍粑切片放入清水中煮熟，然後倒出多餘的開

水，再加入自家糯米釀造的甜米酒煮開，就成為甜酒粑粑，其口感與酒釀丸子極為相似。

每年農曆的三月初三，是侗民插秧的日子。而插秧之後，侗民都要吃一種用黃花的汁水做成的黃米飯。黃崗侗寨的侗民告訴筆者，黃花具有祛濕除臭的功效，黃米飯可以將下田插秧時侵入體內的濕氣和臭氣及時排出體外。而岩洞侗寨的一位侗族姑娘告訴筆者，春季是野蛇的交配季節，它們大多出洞尋找異性。而碰到蛇被侗民視為不吉利的象徵，吃黃米飯就可以避免見到蛇。由此可見，黃米飯在不同侗寨有著不同的功用。

每年農曆的四月初八，是侗族的祭牛節。這天，各家停止役牛，讓牛好好休息，還要備上祭品到牛欄前祭牛神，繼而用「烏米飯」餵牛，以示酬謝。顧名思義，「烏米飯」就是用烏飯葉的汁水蒸成的糯米飯。

每年的端午節，家家戶戶都會用糯米包粽子。

侗族有句俗語：「六月六，早禾熟。」因此，侗民把這一天稱為「嘗新節」，採摘破包抽穗的新谷供奉給祖先，以祈求風調雨順、五穀豐登。這天，除了用新熟的稻穀蒸糯米飯外，侗民還要飲糯米酒。糯米酒的具體做法是：先將糯米蒸熟後倒入特製的罈子中，待糯米冷卻至溫熱時，加入酒麴並攪拌均勻，最後把罈子密封好，三天之後即可食用。一般來說，發酵的時間越久，糯米酒的度數越高。

2. 酸食

侗族人常說：「三天不吃酸，走路打蹣蹣。」這句話的意思是，如果三天不吃酸食，連走路都會東倒西歪的。侗族人喜吃酸食，就和四川人愛吃辣椒一樣，都是由特殊的地理環境、風俗習慣所造成的。侗族世世代代居住在黔、湘、桂三省交界的高寒山區，該地區濕氣極重，當地人民需要吃酸食以祛除體內濕氣，開胃健脾，且酸食有助於消化，與不易消化的糯食天生互補。

侗族最著名的酸食是「醃魚」。醃魚一般在夏末秋初製作，這時稻穀成熟，春天放養在稻田裡的魚苗已經長大，正是肥美的時候。先將鯉魚洗淨後，從背部剖開，除去內臟後抹上食鹽，將糯米飯、辣椒粉、花椒、生薑、大蒜、

淺談侗族「稻—魚—鴨」共生系統及其傳統飲食文化——以貴州黎平縣侗族為例

甜酒糟等拌成的腌糟填入魚腹；再將魚整齊地放入腌桶或腌缸裡，鋪一層腌糟，鋪一層魚，層層相疊；最後將裝滿魚的腌桶或腌缸用板栗葉裹緊後，壓上幾塊鵝卵石，並將桶口或缸口密封。等到農曆十月份，打開桶口或缸口時就會發現，板栗葉上面是發酵的酸水，下面是乾燥的、腌制好的酸魚。

筆者走訪九龍侗寨的時候，雖然酸魚還未腌制好，但有幸吃到了當地侗民腌制的豬肉。其製作方法與腌魚大致相同：先將豬肉炒至七八分熟，再加入木姜子、辣椒、生薑、鹽、大蒜、花椒、吳茱萸等香料攪拌均勻，放入特製的腌桶或腌缸內，最後將桶口或缸口密封。數月之後，即可食用。這道菜酸辣可口，肉質鮮嫩，是侗民極好的開胃菜。

在勤勞智慧的侗族人民看來，只要是能吃的食物都可以做成酸食，如酸野菜、酸豇豆、酸茄子、酸蘿蔔、酸魚、酸肉等。

3. 魚食

侗族的民居建築多為木質結構，防火性能較差，為了防範火災，家家戶戶都在房前屋後開挖有水塘。水塘除有滅火功能外，平時還兼養魚。而「稻—魚—鴨」共生模式出現之後，魚也由水塘養殖變為稻田養殖，而水塘僅用來養母魚，繁殖魚苗，待魚苗長到七八寸時，再放入稻田。稻穀成熟之際，就可以放水收魚了。在侗寨，魚的做法多種多樣，腌制、熬湯、清蒸、紅燒、燒烤等。而過侗年時，家家戶戶的年夜飯上都會有魚，寓意著「年年有餘」。

4. 生食

生食也是侗族餐桌上的一道靚麗風景。除腌魚、腌肉等生食外，侗族還有一種獨特的生食——牛癟。牛癟又稱「百草湯」。當地人將牛宰殺後，把牛胃及小腸裡尚未完全消化的百草殘渣取出，用絲瓜水洗淨後擠出汁水，加入牛膽汁和花椒、茴香、生薑、陳皮、香草等香料，放入鍋內文火慢熬，煮沸後將液體表面的泡沫、雜質等去除干淨後的黏稠液體就是牛癟了，聞之略臭，味道微苦，具有消炎解表、治療炎症和感冒等功用。筆者在岩洞侗寨調研期間，黎平縣宣傳部部長曾自豪地對筆者說：「一項調查結果表明，中國

五十六個民族中，侗族人民的婦科病和腸胃病是最少的，其原因就在於我們的食物中放的都是中藥材。」

由此可知，「稻—魚—鴨」共生模式是侗族人民在古百越「飯稻魚羹」的基礎上，結合當地的地理條件創造出來的，而這種共生模式又造就了侗族以糯食為主、以酸食為輔的獨特飲食文化。

三、侗族傳統飲食的現狀

「稻—魚—鴨」共生作為侗族世代傳承的生產方式，已有上千年歷史了，但隨著現代農業新技術的推廣，其逐步被當地侗民所拋棄，而當地的飲食文化也隨之發生了巨大的改變。以筆者調查走訪的黎平侗寨為例，作為世界上最大的侗族村寨，雖然村寨裡還保存著鼓樓和花橋等傳統建築，但村民們的飲食已經基本漢化了。在旅遊業的刺激下，村民們都不再種糯禾稻了，也不再養魚養鴨了，而是紛紛辦起了「農家樂」。

當地一位侗族婦女告訴筆者：「現在生活條件好了，不再需要以難消化的糯米為主食了，稻田裡的糯米全換成了籼米，自己養魚養鴨太麻煩且不掙錢，想吃的時候去集市上買就可以了。」這段話也說出了岩洞、地捫、九龍、黃崗等侗寨侗民的心聲。如今，籼米已經成為黎平侗民的主食，糯米則成為傳統節日才能見到的特殊食物。此外，村民們平時喝的酒也不再是糯米酒，而是籼米煮成的白酒。而生食則被認為是不衛生的食品，只保留在極少數閉塞落後的侗寨。

現在，侗寨裡的青壯年都進城務工求學了，返鄉的人寥寥無幾，剩下的都是些留守老人和兒童。兒童都處於學齡前和九年義務教育階段，老人們也大多喪失了勞動力，能下田耕作的人屈指可數，很多稻田都出現了荒蕪的景象，難以為繼，更遑論「稻—魚—鴨」共生系統的延續了。

筆者認為，黎平侗族獨特的「稻—魚—鴨」共生系統和傳統飲食文化之所以出現難以為繼的生存危機，主要有以下幾個方面的原因。

第一，旅遊業的衝擊。侗族大歌走出侗寨，走向國際，給侗寨帶來了巨大的商機。黎平侗寨作為侗族大歌的發源地之一，更是遊客必去的旅遊景點

之一。為了滿足這些外來遊客的飲食愛好，當地餐館的菜餚已經嚴重同質化，而碩果僅存的傳統美食也變得索然無味了。此外，隨著黎平基本實現了道路村村通，黃崗、岩洞等原本閉塞落後的侗寨也因其獨特的旅遊價值、文化價值和民俗價值，進入廣大遊客、各類高校和研究所的視野，這些原始村落的固有文化必將受到巨大的衝擊。

第二，政策上的扶持力度不夠。筆者經過實地調查發現，相比於對鼓樓、風雨橋等傳統建築的保護，當地政府卻沒有出臺對於「稻—魚—鴨」共生模式、傳統飲食文化的相關保護措施。2011 年 6 月，在聯合國糧農組織舉辦的「全球重要農業文化遺產國際論壇」上，從江侗鄉稻魚鴨復合系統榮獲了該組織頒發的「全球重要農業文化遺產保護地證書」。從江縣與黎平縣相鄰，兩地的「稻—魚—鴨」共生模式相差無幾，為何從江縣政府能成立專門的「農業文化遺產保護工作領導小組」，加強對這一系統的保護，而黎平縣政府卻對其採取放任不管的態度，任其自生自滅？筆者建議，當地政府應學習從江縣的做法，加強對傳統農業文化和飲食文化的保護。

四、結論

黎平侗族的「稻—魚—鴨」共生系統與傳統飲食文化相輔相成，「稻—魚—鴨」共生系統孕育了當地以糯食為主、以酸食為輔的飲食文化。在現代化的衝擊之下，「稻—魚—鴨」共生系統在黎平地區已經難以為繼，而當地的傳統飲食文化也在旅遊業的衝擊之下逐漸失去了其獨有的特色。飲食是民族文化的重要組成部分，是一個民族區別於其他民族的重要標誌，與鼓樓、風雨橋、侗族大歌一樣，也是向外界展示侗族文化的「名片」，應該得到當地政府和社會各界的重視和保護。相比於鼓樓、風雨橋、侗族大歌等顯性的文化，以糯食、酸食、生食為代表的飲食文化卻是一種含蓄內斂的文化，更需要加強保護與傳承。

在全球化浪潮中，保護各民族的傳統文化對維護世界文化的多樣性具有十分重要的意義。對於侗族文化來說，要想走出文化傳承與經濟發展的兩難困境，除了要處理好二者的關係外，還要注重保護民族的內在特性。正如魯

迅所說：「越是民族的，越是世界的。」侗民族只有充分尊重傳統文化，弘揚傳統文化，才能擁有更加光明的未來。

「把侗族穿在身上」——從社會角度看侗族服飾

嚴顏

摘要：一部民族服飾史，就是一部感性化了的民族文化發展史。侗族服飾既是侗族人民追求美的重要組成部分，也是侗族社會發展的重要標誌，其社會功能及時代變遷對研究侗民族的歷史文化有著極其重要的學術價值。本文旨在透過研究侗族服飾的社會功能與時代變遷，探尋侗族地區的社會變遷。

關鍵詞：社會性　社會功能　服飾變遷

服飾是人類的「第二肌膚」，也是一個民族的文化符號，蘊涵著這個民族在長期共同生活和社會實踐中形成的人文思想和精神氣質，也可以說是這個民族的標誌。在黎平侗寨，無論是臺上表演的侗歌隊，還是坐在鼓樓裡聊天下棋的老人，都「把侗族穿在身上」，向同族人彰顯自己的民族歸屬意識，也向四面八方的遊客展示侗寨的文化和特色。

一、黎平侗寨服飾的社會功能

黎平縣位於貴州省東南部、黔東南州南部，據《黎平縣誌》載，境內「山峰綿延起伏，地勢明顯切割，具有中低山、低山丘陵的地貌特徵」。由於需要常年出沒於山路崎嶇、叢林密布的大山之中，黎平侗族服飾非常注重輕便實用、寬鬆舒適和保護身體，所以，當地男子多穿立領對襟衣，繫腰帶，外罩無紐扣短坎肩，下著長褲，裹綁腿；女子多穿無領大襟衣，下穿較短百褶裙，也裹綁腿。綁腿對於侗族人民來說十分重要，可以有效降低在林地山間穿梭時被蟲蛇咬傷和被樹枝劃傷的可能性。此外，黎平屬亞熱帶季風性濕潤氣候，夏季高溫多雨，冬季溫和乾燥。因此，當地人民多穿自製侗布做的衣服，這種布用棉花織成，透氣吸汗，易散熱，易晾乾，十分適合在炎熱多雨的夏季穿著。由此可以看出，自然環境和氣候條件是決定黎平侗族服裝款式和裝飾特徵的重要因素。

關於服飾的符號意義和社會文化意義，相關學者多有精闢論述。如戴平曾在《中國民族服飾文化研究》中這樣概述服飾的符號意義：「每一個民族的服飾，既是一種符號，又是一個自成一體的符號系統……每一種民族服飾的生成，都是這個民族精神、文化發展的一部史詩。」而呂勝中教授在《再見傳統》一書中，也對服飾符號的社會意義進行了論述：「外部形象上的統一曾是體現人類部族或集群凝聚力的一種普遍形式，而圖騰或其他統一的符號便是形式的具體表現。久而久之，符號統一了部族的集體意識，符號成為識別親疏遠近的標誌。」

筆者在黎平侗寨的所見所聞，正好印證了上述兩位學者的觀點。在黎平侗寨，無論是臺上表演的侗歌隊，還是坐在鼓樓裡聊天下棋的老人，都「把侗族穿在身上」，向同族人彰顯自己的民族歸屬意識，也向四面八方的遊客展示侗寨的文化和特色。

在黎平侗寨，服飾除了具有統一民族意識、彰顯風土人情的功用外，還標明了侗民的社會角色，反映出侗族社會對不同社會角色的倫理規範。

就黎平侗族女性的服飾而言，真可謂千姿百態，或款式不同，或裝飾部位不同，或圖案和工藝不同，或色彩和髮型、頭帕不同。服飾除了可以展現對美的追求、體現自我的審美感受外，還具有區分已婚未婚的作用。一般來說，未婚女性的服飾較為鮮艷靚麗，頭飾也不勝繁複，而已婚女性的打扮則十分樸素，服飾顏色一般較為深沉。

何歆在《黎平侗族服飾研究》一書中指出，女性服飾的變化正折射出女性社會地位的變化。在黎平侗寨，已婚女性的主要職責是生兒育女、做家務和田間勞作，「款」文化中還針對她們的言行設定了種種禁忌，使得她們在侗族社會中的地位極為低下，存在感極低，而服飾便成為她們大展身手的舞臺之一。從棉花的種植採摘、棉布的紡織印染，到服飾的設計製作，她們都親力親為，全身心投入。對她們而言，這些親手縫製的衣服既彰顯著她們的智慧和審美，也凝聚著她們對家庭、對丈夫和子女的愛。而那些心靈手巧、有一手漂亮針線活兒的女性，不但會得到社會的認可和讚揚，還會變得越來越獨立和自信。因此，服飾就成為侗族女性實現自我價值的一大途徑。

二、黎平侗族服飾文化的現代變遷

隨著現代化進程的急速推進，黎平侗族的一些傳統文化習俗正在變異、消亡，不少傳統技藝也瀕臨滅亡。而作為民族文化的重要載體，侗族傳統服飾也在不可避免地發生著突變。

1. 簡化

①製作簡化

過去，在侗族地區，毫不誇張地說，做一套盛裝的服飾，要經過制紗、晾曬、紡織、染色、捶打、裁剪、繡花、成衣等數十道工序，不僅工序複雜，而且每道工序的操作都要求十分精細，需要製衣者擁有熟練的技巧和豐富的經驗，因此耗時很長，至少需要三年時間。

隨著全球經濟一體化的推進，侗族服裝的製作流程大為簡化。首先，所有的布料都可以在市場上購買到，不僅品種豐富，而且價格也不貴，再也不需要自紡自染侗布了，大大節約了製作的時間。其次，加工方式由手工縫製轉為機械化生產，染色、刺繡、剪裁、縫製等全由機器完成，大大推進了黎平侗族服飾的現代化進程。

②穿著簡化

侗族自古就是一個愛美、善於創造美的民族，而服飾是侗族人民，尤其是侗族女性追求美的重要組成部分。侗族服飾主要分為日常服裝和節日盛裝兩類，侗民平時穿寬鬆舒適、輕便實用的便裝，逢年過節時穿精美華貴的盛裝。而一套侗族未婚女性的盛裝往往由五到八件衣服組成，一人繡制一套需耗時三年。如今，黎平侗民的穿著已經大為簡化了，日常服裝多為機器批量生產的T恤、襯衣、長褲等，腳上穿的也不再是手工製作的平底鞋或繡花鞋，而是皮鞋或者旅遊鞋。侗民只有在傳統節日、個別特殊場合才會身著簡單的盛裝。

2. 商品化

作為「侗鄉之都」，黎平如今已經成為侗族文化的旅遊勝地，在各旅遊景點的商業街上，侗族傳統服裝、侗族繡片、挎包等琳瑯滿目，令遊客們目不暇接，其中，藍靛扎染的棉麻衣服大受女性遊客的歡迎。

如今在黎平侗寨，雖然只有上了年紀的老人還在穿著自制的侗衣，在日常生活中穿傳統侗衣的人越來越少了，但侗衣並沒有因此而退出侗族人民的生活，在逢年過節、舉行重大民族活動的時候，侗族人民依然會穿上自己深愛的民族服飾。對於簡單純樸的黎平侗民來說，無論歷史如何變遷，無論時代怎樣發展，他們對傳統服飾永遠保持著一份深情。就像黎平三龍侗寨的村支書所說的那樣：「穿上我們侗族人自己的衣服，就像把整個侗族穿在身上。」

▌參考文獻

[1] 黎平縣政府網站：《黎平概況》，http：//www.lp.gov.cn/zjlp/lpgk/

[2] 黎平縣政府網站：《人口民族》，http：//www.lp.gov.cn/zjlp/rkmz/

[3] 石佳能：《侗族神話初探》，《中南民族學院學報》1990 年第 4 期。

[4] 一個村：《貴州省黔東南州黎平縣雙江鄉黃崗村》，http：//www.yigecun.com/cityfild/showcun.aspx?id=E6864E5783027879

[5] 王憲昭：《中國多民族兄妹婚神話母題探析》，《理論學刊》2010 年第 9 期。

[6] 張澤忠：《侗族文化傳統的審美生存研究》，廣西師範大學出版社，2012 年，第 5 頁。

[7] 楊志勛、吳定國主編：《薩瑪天歲——中國侗族薩文化歷史資料珍集》，中國文史出版社，2016 年，第 28 頁。

[8] 楊志勛、吳定國主編：《薩瑪天歲——中國侗族薩文化歷史資料珍集》，中國文史出版社，2016 年，第 57—58 頁。

[9] 楊志勛、吳定國主編：《薩瑪天歲——中國侗族薩文化歷史資料珍集》，中國文史出版社，2016 年，第 28—33、49—53 頁。

[10] 中國民間文藝研究會研究部編：《民間文學理論譯叢》第一集，中國民間文藝出版社，1986 年，第 94 頁。

[11] 有的學者將侗寨中的管薩者稱為「登薩」，但在筆者調查走訪的幾個寨子中，未有這種稱呼。筆者也曾專門詢問寨民對管薩者的稱呼，並未發現有其他稱呼。

[12] 侗寨的傳統建築幾乎全為木結構，極易發生火災。

[13] 龍迅：《侗族巫術文化敘論》，《貴州民族研究》1994年總第57期。

[14] 姜莉芳：《侗族各地薩歲崇拜研究》，《廣西民族師範學院學報》2017年第2期。

[15] 黎平縣人民政府：《黎平簡介》，黎平縣人民政府網，http：//www.lp.gov.cn/zjlp/lpgk/，2017年9月4日。

[16] 彭無情、吳才敏：《侗族喪葬習俗的宗教文化內涵探析——以黔東南苗族侗族自治州為例》，《經濟與社會發展》2009年第2期。

[17] 田野調查的結果是，肇興侗寨會集中埋葬，不一定要立碑，全寨晚輩都會戴孝相送；黃崗侗寨不會集中埋葬，不一定要立碑，全寨晚輩都會相送但不會戴孝；岩洞侗寨會集中埋葬，要立碑，晚輩都要戴孝相送。

[18] 在黃崗侗寨和岩洞侗寨，逝者的裝棺入殮則在家中堂屋舉行，並不送去鼓樓。

[19] （春秋）老子著，盧國龍譯：《詩譯道德經》，華夏出版社，2003年，第54頁。

[20] 參見貴州省黎平縣誌編纂委員會編：《黎平縣誌》，巴蜀書社，1989年。

[21] 光緒《黎平府志》卷二下《風俗》，國家圖書館數字方志，http：//mylib.nlc.cn/web/guest/search/shuzifangzhi/medaDataDisplay?metaData.id=1029072 & metaData.lId=1033587 & IdLib=40283415347ed8bd0134833e d5d60004，2017年9月4日。

[22] 光緒《黎平府志》卷二下《苗蠻》，國家圖書館數字方志，http：//mylib.nlc.cn/web/guest/search/shuzifangzhi/medaDataDisplay?metaData.id=1029072 & metaData.lId=1033587 & IdLib=40283415347ed8bd0134833e d5d60004，2017年9月4日。

[23] 古人根據月相變化的規律確定朔望月，根據日影（太陽直射點）變化的規律確定回歸年，因兩者的運動週期不同，十二個朔望月不等於一個回歸年，則需採取置閏月的辦法加以平衡。置閏的基本原則是「閏月無中氣」，中氣指二十四節氣中的「冬至、大寒、雨水、春分、穀雨、小滿、夏至、大暑、處暑、秋分、霜降、小雪」，從漢代的太初曆開始，就規定冬至必須落在農曆十一月上。如果兩個冬至間是11個月份，則每個月平分一個中氣；如果兩個冬至間是12個月份，那麼該年即設定為閏年，而沒有出現中氣的月份就是閏月。

[24] 粟文清著：《侗族節日與村落社會秩序建構——以貴州黎平黃崗侗寨「喊天節」為中心的研究》，民族出版社，2015年，第30—31頁。

[25] 粟文清著：《侗族節日與村落社會秩序建構——以貴州黎平黃崗侗寨「喊天節」為中心的研究》，民族出版社，2015年，第52頁。

[26] 吳正國口述，王淞整理：《初窺黃崗侗寨非物質文化遺產「喊天節」傳承人吳廣興》，《科學與財富》2017年第10期。

[27] 吳廣新，男，黃崗村村民，67 歲。訪談時間：2017 年 7 月 22 日。地點：包起鼓樓前。記錄：趙江紅。

[28] 吳正國口述，王淞整理：《初窺黃崗侗寨非物質文化遺產「喊天節」傳承人吳廣興》，《科學與財富》2017 年第 10 期。

[29] 吳仕英的口述材料，請參見楊旭東：《地方性節日的文化內涵與訴求轉型——關於侗族喊天節的調查與思考》，《井岡山大學學報》2011 年第 6 期。

[30]「六十甲子占雨圖」與「神牛辰雨圖」都為筆者所擬，原書並無此標題。

[31] 連雲港市博物館等編：《尹灣漢墓簡牘》，中華書局，1997 年，第 124 頁。

[32]（唐）黃子發撰：《相雨書》，中華書局，1985 年，第 10—11 頁。

[33]（唐）瞿曇悉達編訂：《開元占經》卷九十二，九州出版社，2012 年，第 940—941 頁。

[34]（宋）陳元靚編撰：《歲時廣記》末卷，商務印書館，1939 年，第 448 頁。

[35] 栗文清著：《侗族節日與村落社會秩序建構——以貴州黎平黃崗侗寨「喊天節」為中心的研究》，民族出版社，2015 年，第 24—25 頁。

[36] 栗文清著：《侗族節日與村落社會秩序建構——以貴州黎平黃崗侗寨「喊天節」為中心的研究》，民族出版社，2015 年，第 32 頁。

[37] 參見楊國仁、吳定國等整理：《侗族祖先哪裡來：侗族古歌》，貴州人民出版社，1981 年。

[38] 楊昌文：《都勻市內外套苗族考察敘要》，載向零主編：《民族志資料彙編苗族》，內部資料，1987 年，第 5 頁。作者又將「從江西來」的傳說，分為「真江西」和「假江西」兩種情況。

[39] 劉鋒、龍耀宏主編：《侗族：貴州黎平縣九龍村調查》，雲南大學出版社，2004 年，第 9 頁。

[40] 貴州省黎平縣地方志編纂委員會編：《黎平縣誌》，貴州人民出版社，2009 年，第 958 頁。

[41] 石若屏：《淺談侗族的族源與遷徙》，《貴州民族研究》1984 年第 4 期。

[42] 吳展明：《一本值得商榷的書——讀〈侗族祖先哪裡來〉》，載王勝先主編，《侗族文化史料》編輯組、黔東南苗族侗族自治州民族研究所編輯：《侗族文化史料》（1—10 卷），未公開出版，1987 年，第 6—7 頁。

[43] 鄧敏文：《〈祖公上河〉的成因與侗族族源》，《貴州民族研究》1987 年第 4 期。

[44] 張明、張勇蒐集整理：《祭祖歌》，載楊國仁、吳定國等整理：《侗族祖先哪裡來：侗族古歌》，貴州人民出版社，1981 年，第 65 頁。

[45] 吳定國整理：《憶祖宗歌》，載楊國仁、吳定國等整理：《侗族祖先哪裡來：侗族古歌》，貴州人民出版社，1981年，第60頁。

[46] 一說共十三姓，此處少一「嬴」姓。

[47] 胡光華、王長遠：《侗寨肇興》，載貴州省黎平縣政協文史委員會編印：《黎平文史資料》第6輯，1990年，第83—84頁。

[48] 何光渝、何昕著：《貴州社會六百年》，貴州人民出版社，2014年，第195—196頁。

[49]「頭」即「兜」，也稱「補拉（臘）」「鬥」「房族」等，是侗族社會從血緣上、心理上真正意義「同宗共祖」的、具有婚姻禁忌的父系集團。參見何光渝、何昕著：《貴州社會六百年》，貴州人民出版社，2014年，第196頁。

[50]《黎平縣肇興侗族社會調查》，載貴州省民族事務委員會、貴州省民族研究所編：《貴州「六山六水」民族調查資料選編·侗族卷》，貴州民族出版社，2008年，第68、75—76頁。

[51] 貴州省黎平縣地方志編纂委員會編：《黎平縣誌》，貴州人民出版社，2009年，第958頁。

[52] 胡光華、王長遠：《侗寨肇興》，載貴州省黎平縣政協文史委員會編印：《黎平文史資料》第6輯，1990年，第89頁。此處「宋末元初」，頗為可疑。

[53]《姑娘不必一定嫁遠方》（侗族琵琶歌《引郎妹桃》選段），載楊通山等編：《侗族民歌選》，上海文藝出版社，1980年，第85—86頁

[54] 貴州省黎平縣地方志編纂委員會編：《黎平縣誌》，貴州人民出版社，2009年，第958頁。

[55] 劉鋒、龍耀宏主編：《侗族：貴州黎平縣九龍村調查》，雲南大學出版社，2004年，第4—6、13頁。另可參見楊明蘭：《從楊姓家族制度的特點看侗族族源》，《黔東南民族師專學報》1998年第4期。

[56] 劉鋒、龍耀宏主編：《侗族：貴州黎平縣九龍村調查》，雲南大學出版社，2004年，第12頁。

[57] 劉琳：《侗族侗款的遺存、傳承與時代性發展——以廣西三江侗族自治縣侗族侗款為例》，碩士學位論文，廣西師範大學，2007年，第3頁。

[58] 黃梅：《侗款傳統權威的重構與轉型》，《原生態民族文化學刊》2012年第3期。

[59]（法）埃米爾·塗爾幹著，渠敬東譯：《社會分工論》，三聯書店，2017年，第195頁。

[60]（法）埃米爾·塗爾幹著，渠敬東譯：《社會分工論》，三聯書店，2017年，第42—43頁。

[61]（法）埃米爾塗爾幹著，渠敬東譯：《社會分工論》，三聯書店，2017年，第32頁。

[62]（法）埃米爾塗爾幹著，渠敬東譯：《社會分工論》，三聯書店，2017年，第32頁。

[63]（法）埃米爾·塗爾幹著，渠敬東譯：《社會分工論》，三聯書店，2017年，第254頁。

[64]（法）埃米爾·塗爾幹著，渠敬東譯：《社會分工論》，三聯書店，2017年，第219頁。

[65] 吳正光：《「鼓樓文化」初探》，載貴州省文管會辦公室、貴州省文化出版廳文物處編：《侗寨鼓樓研究》，貴州人民出版社，1985年，第5頁。

[66] 李時學：《侗族鼓樓及鼓樓文化管見》，《貴州民族研究》1992年第4期。另參見黃才貴：《侗族鼓樓研究》，載貴州省文管會辦公室、貴州省文化出版廳文物處編：《侗寨鼓樓研究》，貴州人民出版社，1985年，第17—24頁。

[67] 郭丕霄、楊錫玲：《訪侗寨鼓樓》，載貴州省文管會辦公室、貴州省文化出版廳文物處編：《侗寨鼓樓研究》，貴州人民出版社，1985年，第94頁。

[68] 李多扶：《侗寨鼓樓建築初探》，載貴州省文管會辦公室、貴州省文化出版廳文物處編：《侗寨鼓樓研究》，貴州人民出版社，1985年，第56—57頁。

[69] 中國非物質文化遺產網：《侗族木構建築營造技藝》，http：//www.ihchina.cn/5/10997.html，2017年8月11日。

[70] 賓陽、郭少東：《一家四代「廊橋夢」——工匠精神與技藝如何薪火相傳》，中國文化傳媒網，http：//www.ccdy.cn/wenhuabao/yb/201611/t20161110_1272205.htm，2017年8月11日。

[71] 黎平縣誌編纂委員會編：《黎平縣誌》，巴蜀書社，1989年，第1頁。

[72] 張露：《侗族稻作文化交換儀式的變遷與經濟發展之關係研究——以貴州省從江縣高增村為例》，碩士學位論文，貴州財經大學，2016年，第12頁。

[73] 從江縣地方志編纂委員會編：《從江縣誌》，貴州人民出版社，1999年，第197頁。

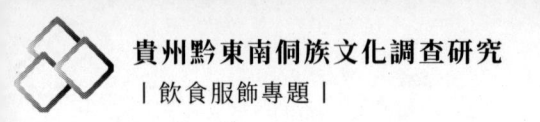

參考文獻

國家圖書館出版品預行編目（CIP）資料

貴州黔東南侗族文化調查研究 / 何善蒙 主編 . -- 第一版 .
-- 臺北市：崧燁文化，2019.07
　　面；　公分
POD 版

ISBN 978-957-681-849-3(平裝)

1. 侗族 2. 民族文化 3. 貴州省

536.2830　　　　　　　　　　　　　　　108009011

書　　名：貴州黔東南侗族文化調查研究
作　　者：何善蒙 主編
發 行 人：黃振庭
出 版 者：崧燁文化事業有限公司
發 行 者：崧燁文化事業有限公司
E - m a i l：sonbookservice@gmail.com
粉絲頁：　　　　　網　址：
地　　址：台北市中正區重慶南路一段六十一號八樓 815 室
8F.-815, No.61, Sec. 1, Chongqing S. Rd., Zhongzheng Dist., Taipei City 100, Taiwan (R.O.C.)
電　　話：(02)2370-3310 傳　真：(02) 2370-3210
總 經 銷：紅螞蟻圖書有限公司
地　　址：台北市內湖區舊宗路二段 121 巷 19 號
電　　話:02-2795-3656 傳真:02-2795-4100　網址：
印　　刷：京峯彩色印刷有限公司（京峰數位）
　本書版權為九州出版社所有授權崧博出版事業股份有限公司獨家發行電子書及繁體書繁體字版。若有其他相關權利及授權需求請與本公司聯繫。

定　　價：250 元
發行日期：2019 年 07 月第一版
◎ 本書以 POD 印製發行